I0538483

BESTACTIVITYBOOKS.COM

PRIMA EDIZIONE 2022

Illustrazione Grafica Extra: www.freepik.com
Grazie a Alekksall, Starline, Pch.vector, Rawpixel.com, Vectorpocket, Dgim-studio, Upklyak, Macrovector, Stockgiu, Pikisuperstar & Freepik.com Designers

5 CONSIGLI PER INIZIARE

1) COME RISOLVERE LE PAROLE INTRECCIATTE

I puzzle hanno un formato classico:

- Le parole sono nascoste senza spazi o trattini,...
- Orientamento: Le parole possono essere scritte in avanti, indietro, verso l'alto, verso il basso o in diagonale (possono essere invertite).
- Le parole possono sovrapporsi o intersecarsi.

2) APPRENDIMENTO ATTIVO

Accanto ad ogni parola c'è uno spazio per scrivere la traduzione. Per incoraggiare l'apprendimento attivo, un **DIZIONARIO** alla fine di questa edizione vi permetterà di controllare e ampliare le vostre conoscenze. Cerca e scrivi le traduzioni, trovale nel puzzle e aggiungile al tuo vocabolario!

3) SEGNARE LE PAROLE

Puoi inventare il tuo sistema di segni. Forse ne usi già uno? Per esempio, puoi segnare le parole difficili da trovare con una croce, le parole preferite con una stella, le parole nuove con un triangolo, le parole rare con un diamante, e così via.

4) STRUTTURARE L'APPRENDIMENTO

Questa edizione offre un **TACCUINO** alla fine del libro. In vacanza, in viaggio o a casa, puoi organizzare facilmente le tue nuove conoscenze senza bisogno di un secondo quaderno!

5) AVETE FINITO TUTTE LE GRIGLIE?

Nelle ultime pagine di questo libro, nella sezione della **SFIDA FINALE**, troverete un gioco gratuito!

Facile e veloce! Dai un'occhiata alla nostra collezione di libri di attività per il tuo prossimo momento di divertimento e **apprendimento,** a portata di clic!

Trova la tua prossima sfida su:

BestActivityBooks.com/MioProssimoLibro

Ai vostri posti, pronti...Via!

Sapevi che ci sono circa 7.000 lingue diverse nel mondo? Le parole sono preziose.

Amiamo le lingue e abbiamo lavorato duramente per creare libri di altissima qualità. I nostri ingredienti?

Una selezione di argomenti adatti all'apprendimento, tre buone porzioni di intrattenimento, una cucchiaiata di parole difficili e una spolverata di parole rare. Li serviamo con amore e entusiasmo in modo che tu possa risolvere i migliori giochi di parole e divertirti imparando!

La vostra opinione è essenziale. Puoi partecipare attivamente al successo di questo libro lasciandoci un commento. Ci piacerebbe sapere cosa ti è piaciuto di più di questa edizione.

Ecco un link veloce alla pagina dell'ordine:

BestBooksActivity.com/Recensione50

Grazie per il vostro aiuto e buon divertimento!

Tutta la squadra

1 - Scacchi

आ	घ	ए	त	ए	र	प	च	त	घ	ख	च	र	म	ध	ढ
त	इ	स	ञ	ठ	छ	च	छ	र	ठ	स	◌ु	ष	र	ह	त
ल	द	ख	ढ	आ	ग	त	र	ल	य	श	न	छ	द	र	त
ट	न	ष	◌े	ढ	न	◌ु	य	ढ	घ	र	◌ौ	घ	फ	उ	द
उ	ल	ट	स	ल	य	र	त	य	ड	र	त	ग	घ	ल	घ
श	घ	म	फ	म	प	ण	ऊ	ख	◌़	ढ	◌ि	श	च	ब	उ
य	ध	◌े	ऊ	व	◌ि	र	◌ो	ध	◌ी	ध	य	त	प	ह	इ
ठ	ल	◌ं	प	ए	◌ं	◌्	ए	व	ल	म	◌ो	म	ऊ	द	श
र	◌ा	न	◌ी	ऊ	◌ै	क	च	द	◌ा	श	◌ं	घ	स	ख	थ
ए	◌ा	◌ा	त	ध	च	◌ि	स	य	◌ि	ह	ब	श	च	भ	ट
व	क	र	इ	ऊ	स	व	श	भ	ख	न	द	◌ा	◌ि	ल	ब
ख	ड	◌्	ट	ब	य	फ	थ	ब	त	◌ि	◌ी	न	ण	र	ञ
ञ	ए	◌ू	म	य	ग	ऊ	◌े	प	फ	य	स	व	ल	◌ा	ञ
च	ठ	ट	ट	श	ठ	आ	इ	द	म	म	ऊ	थ	घ	ज	य
अ	◌ं	क	प	◌्	र	त	◌ि	य	◌ो	ग	◌ि	त	◌ा	◌ा	आ
न	◌ि	ष	◌्	क	◌्	र	◌ि	य	छ	त	न	द	ऊ	ब	ग

विरोधी
सफ़ेद
चैंपियन
प्रतियोगिता
विकर्ण
खिलाड़ी
खेल
चतुर
काला
निष्क्रिय

अंक
राजा
रानी
नियम
बलिदान
चुनौतियों
रणनीति
समय
टूर्नामेंट

2 - Salute e Benessere #2

फ	आ	श	त	◌ा	छ	च	◌्	व	◌्	स	र	श	ऊ	द	ढ
ण	म	र	क	◌्	◌ं	स	श	ट	ध	त	ष	ञ	ख	म	ट
इ	घ	◌ी	स	द	क	◌ी	श	◌ि	व	◌ं	◌ु	न	आ	फ	त
म	ट	र	◌ी	र	श	र	र	थ	त	ढ	ञ	म	ढ	द	ए
ह	ए	र	ट	घ	ल	त	◌ा	प	◌्	स	अ	◌ि	ध	द	त
ल	घ	च	म	न	◌ि	आ	स	ण	ऊ	उ	ल	ट	ड	द	ल
व	इ	न	क	य	◌ा	छ	ह	ट	घ	ल	त	◌ा	ख	ग	प
ज	स	◌ा	आ	◌ै	म	ड	न	व	ड	ख	न	◌ि	र	भ	ख
न	स	म	घ	इ	ल	ग	स	प	ए	ट	छ	व	घ	ध	श
न	र	ब	ण	प	द	◌ो	आ	च	श	ञ	ष	घ	ए	ह	ञ
ह	फ	थ	आ	◌ो	ष	र	र	ह	ज	ए	प	य	न	उ	ड
प	◌ा	च	न	ष	उ	ढ	ल	◌ी	◌ा	घ	ड	भ	ड	फ	द
फ	म	थ	व	ण	फ	प	ए	ञ	◌्	र	घ	◌ू	भ	उ	भ
प	ए	ल	र	◌्	ज	◌ी	ट	इ	र	ड	भ	ख	त	उ	स
स	◌्	व	स	◌्	थ	ए	ष	ऊ	ऊ	ञ	छ	प	व	ठ	व
न	◌ि	र	◌्	ज	ल	◌ी	क	र	ण	द	ठ	आ	च	य	ञ

एलर्जी
शरीर रचना
भूख
कैलोरी
शरीर
आहार
पाचन
निर्जलीकरण
ऊर्जा
आनुवंशिकी

स्वच्छता
संक्रमण
रोग
मालिश
पोषण
अस्पताल
वजन
रक्त
स्वस्थ
विटामिन

3 - Aggettivi #2

न	◌ी	क	म	न	र	व	ढ	इ	च	त	ब	प	इ	उ	र
प	◌ा	य	न	ज	◌ि	म	◌्	म	◌े	द	◌ा	र	उ	ह	च
उ	◌्	ट	उ	र	द	प	स	ध	भ	ह	प	ख	ढ	ए	न
घ	त	र	क	ण	र	◌्	प	◌ू	च	◌ि	र	◌ु	◌ु	स	◌ा
ह	य	◌्	◌ा	◌ी	ढ	ग	च	ध	ण	ष	व	भ	प	◌ू	त
भ	भ	र	प	क	य	न	◌ी	स	व	श	◌्	◌ि	व	ख	◌्
प	◌ू	ञ	च	◌ा	◌ृ	ढ	ढ	भ	◌्	ऊ	व	व	ड	◌ा	म
ल	ख	व	प	ञ	द	त	ब	व	र	त	इ	ख	उ	ठ	क
म	◌ा	इ	स	ठ	प	क	◌ि	ख	ग	स	◌ा	ध	◌ा	र	ण
◌ि	म	ज	ब	◌ू	त	आ	ए	क	स	◌्	व	स	◌्	थ	ण
ठ	स	श	ड	ह	ब	ष	घ	प	◌्	र	स	◌ि	द	◌्	ध
◌ा	म	उ	घ	घ	ऊ	ष	ब	च	छ	ऊ	ठ	ड	ट	इ	द
ई	ग	ड	ए	ध	ट	स	श	य	म	र	ल	ग	ट	य	◌्
ण	द	◌ि	ल	च	स	◌्	प	त	द	थ	न	ढ	ण	श	◌ु
ठ	व	र	◌्	ण	न	◌ा	त	◌्	म	क	आ	ण	ड	न	श
छ	छ	य	फ	ख	आ	व	ढ	न	ल	ख	र	व	ब	थ	ख

भूखा
सूखा
विश्वसनीय
रचनात्मक
वर्णनात्मक
मिठाई
नाटकीय
सुरुचिपूर्ण
प्रसिद्ध
मजबूत
दिलचस्प
प्राकृतिक
साधारण
नया
गर्व
उत्पादक
शुद्ध
जिम्मेदार
नमकीन
स्वस्थ

4 - Pesca

च	ा	र	ा	छ	न	ज	ऋ	त	ु	ड	र	ऊ	अ	च	घ
श	ए	ी	ध	ट	द	भ	ब	ड	छ	प	स	ध	त	व	ठ
म	इ	क	ु	ह	ी	ण	र	ड	ल	भ	ो	ख	ि	व	द
ट	थ	ो	भ	प	र	छ	ञ	र	़	उ	इ	न	श	ढ	भ
ड	ट	ट	त	र	द	्	ु	म	स	ा	य	ड	य	ल	ट
थ	फ	ख	प	ट	व	ज	न	ढ	द	छ	ा	भ	ो	ट	घ
ग	थ	थ	ा	य	आ	इ	थ	उ	ह	ध	ख	ध	क	उ	ड
य	ि	ड	न	च	ढ	थ	ख	व	र	ै	य	स	्	ऊ	थ
ए	थ	ल	ी	झ	आ	ल	स	प	य	र	फ	ठ	त	आ	ध
म	श	आ	्	ए	ए	छ	ष	इ	ध	्	फ	ण	ि	ल	ट
व	ग	ढ	ञ	स	उ	प	क	र	ण	य	ष	ड	छ	स	च
ए	द	इ	भ	म	द	थ	प	ं	ख	व	उ	र	च	ा	ण
त	ऊ	ट	म	द	ड	ष	ढ	ऊ	ठ	श	ड	उ	म	ग	ड
ढ	उ	छ	भ	उ	र	ठ	श	घ	ए	ड	स	थ	ठ	र	आ
प	य	द	य	म	ध	इ	प	ब	आ	य	न	ा	व	भ	म
व	र	ह	व	ञ	प	त	ा	र	च	प	म	श	द	ढ	र

पानी
उपकरण
नाव
गिल्स
टोकरी
रसोइया
अतिशयोक्ति
चारा
तार
नदी
हुक
झील
जबड़ा
सागर
धैर्य
वजन
पंख
समुद्र तट
ऋतु

5 - Ingegneria

भ	ग	ह	प	स	म	◌ा	प	ल	ख	घ	ह	च	प	ञ	ह
म	ड	ल	फ	◌्	स	◌ं	र	च	न	◌ा	ठ	आ	◌्	श	क
ल	श	ज	य	थ	न	घ	द	व	इ	थ	ख	◌े	र	आ	◌ो
र	व	◌ी	ल	◌ि	ण	ब	ण	ञ	प	ग	उ	फ	ण	स	ण
त	फ	ड	न	र	ग	आ	ष	इ	य	ह	ध	श	◌ो	त	र
व	न	थ	ढ	त	घ	ण	ब	छ	इ	र	ज	फ	द	स	त
त	◌ा	क	त	◌ा	ह	म	न	व	◌्	य	◌ा	स	न	फ	◌ि
ग	फ	ड	ड	ण	थ	◌ा	य	◌ा	ब	ब	◌्	ह	ह	छ	व
ठ	ह	फ	ऊ	ड	थ	र	ट	◌ो	म	ए	र	ठ	ड	ब	ख
ग	ख	र	ञ	ड	ढ	◌्	म	फ	स	ठ	ऊ	र	थ	ड	ग
ग	आ	फ	◌ा	आ	ग	◌ि	य	र	◌्	स	अ	क	◌्	ष	स
इ	ठ	फ	ह	ई	इ	न	ब	ण	म	द	म	ण	न	इ	ह
त	ध	फ	स	ड	स	च	ध	थ	भ	स	प	द	उ	ह	ऊ
द	श	श	ल	छ	आ	थ	ख	ण	ब	श	श	ण	म	थ	ढ
ख	प	व	थ	ख	ऊ	छ	ए	य	फ	ऊ	ण	ठ	ट	ञ	त
उ	फ	ण	छ	थ	द	ड	ख	न	ध	थ	स	ट	थ	श	ढ

कोण
अक्ष
गणना
निर्माण
आरेख
व्यास
डीजल
वितरण
ऊर्जा
ताकत
गियर्स
लीवर
तरल
मशीन
माप
मोटर
गहराई
प्रणोदन
स्थिरता
संरचना

6 - Archeologia

ब	ल	व	ट	ए	ध	थ	व	भ	स	ट	ट	ष	ब	फ	र
म	ख	◌ि	म	क	ब	र	◌े	◌ु	ट	◌ी	ण	फ	त	ढ	र
द	ध	श	य	ग	उ	द	ह	ल	र	म	न	फ	द	घ	य
ञ	व	◌े	ह	भ	ष	◌ि	त	◌ा	र	◌्	क	ध	◌ो	श	च
श	◌ं	ष	स	ड	च	◌ं	ड	द	द	ञ	य	श	अ	श	य
त	श	ज	ठ	ख	◌्	म	ह	◌ि	आ	त	◌ा	ब	व	ध	प
व	ज	◌्	ऊ	ध	थ	ड	थ	य	प	श	◌ं	थ	श	व	भ
ए	व	ञ	आ	प	द	न	◌ि	◌ा	ऊ	ध	ल	श	◌े	थ	ध
व	◌ि	श	◌्	ल	◌े	ष	ण	य	र	र	◌्	ण	ष	ग	ऊ
घ	ज	व	व	◌ा	आ	ञ	ख	श	◌ो	म	◌ू	ढ	ष	भ	र
अ	◌ी	ख	ष	स	ठ	ण	ढ	थ	ह	◌ं	म	छ	ग	ट	त
न	व	ख	द	ए	◌्	प	◌्	र	◌ा	च	◌ी	न	श	◌ु	◌ा
ज	◌ा	ढ	त	◌ा	न	त	र	◌ा	◌ु	प	र	ह	स	◌्	य
◌ा	श	ए	र	न	म	थ	◌ु	ण	ट	ठ	ऊ	ह	म	म	◌्
न	◌्	ध	प	फ	ण	ऊ	आ	ओ	उ	त	द	प	ख	ध	भ
ब	म	म	ढ	प	उ	ब	ट	ड	◌ं	म	प	द	ल	व	स

विश्लेषण
साल
पुरातनता
प्राचीन
सभ्यता
भुला दिया
वंशज
युग
विशेषज्ञ
जीवाश्म
रहस्य
वस्तुओं
हड्डियों
अवशेष
शोधकर्ता
अनजान
टीम
मंदिर
मकबरे
मूल्यांकन

7 - Salute e Benessere #1

ण	स	म	ठ	भ	य	ध	ह	ब	ई	ण	ठ	उ	ञ	ष	उ
ब	भ	◌ा	ट	ल	प	श	◌ा	श	च	◌ा	व	◌्	त	न	प
ब	◌ं	◌ं	◌ो	स	न	उ	र	स	◌ा	त	◌्	क	◌ि	◌ि	च
भ	ग	स	स	◌ी	स	ठ	◌्	र	◌ं	ण	ष	म	ख	ण	◌ा
ड	ब	प	न	म	आ	ढ	म	इ	ऊ	ह	व	ठ	म	थ	र
घ	स	◌े	ढ	◌े	प	स	◌ो	◌ा	ण	द	व	◌ा	उ	ए	प
छ	ण	श	ए	र	घ	व	न	व	व	ट	क	स	ए	ल	आ
छ	ग	◌ि	ए	◌्	फ	◌ि	श	ढ	ऊ	ञ	◌्	फ	न	र	ए
थ	ल	य	छ	◌ा	द	श	फ	घ	श	ड	ल	थ	ड	घ	प
घ	स	◌ो	घ	फ	म	◌्	य	थ	ऊ	ढ	◌ि	ठ	म	ठ	थ
थ	व	◌ं	ट	ष	उ	र	ण	र	उ	न	न	द	थ	ष	छ
स	क	◌्	र	◌ि	य	◌ा	फ	ष	भ	आ	◌ि	व	इ	ट	र
ह	ष	स	ण	स	आ	म	स	म	द	त	क	आ	श	द	आ
ब	भ	◌ू	ख	ह	फ	छ	ड	आ	ऊ	ड	ड	ट	ष	ध	ठ
च	◌ि	क	◌ि	त	◌्	स	क	भ	द	र	र	त	भ	फ	ह
ब	◌ै	क	◌्	ट	◌ी	र	◌ि	य	◌ा	त	उ	श	श	ढ	ञ

आदत
ऊंचाई
सक्रिय
बैक्टीरिया
क्लिनिक
भूख
फार्मेसी
भंग
दवा
चिकित्सक

मांसपेशियों
नसों
हार्मोन
त्वचा
आसन
पलटा
विश्राम
चिकित्सा
उपचार
वाइरस

8 - Aggettivi #1

ख	थ	आ	व	घ	ठ	च	ख	व	क	व	घ	छ	ञ	ञ	द
च	◌ु	उ	भ	ि◌	य	◌ु	व	◌ा	ल	त	प	ञ	फ	ठ	ल
ए	उ	श	इ	ब	द	भ	ड	◌़	◌ा	ष	ढ	ध	ग	च	ग
ग	इ	म	ब	ख	म	◌े	न	ड	त	ग	श	ण	ऊ	प	घ
त	व	आ	◌ा	◌ू	घ	ध	श	ब	◌्	स	र	घ	ग	ध	इ
र	थ	श	◌ं	व	द	ध	इ	◌ी	म	स	क	◌्	र	ि◌	य
ख	ञ	घ	ल	र	ञ	◌ा	ञ	घ	क	ञ	च	ह	ष	ई	ह
ह	छ	ञ	प	ठ	छ	उ	र	व	उ	त	◌्	त	म	म	ह
न	ि◌	र	प	◌े	क	◌्	ष	ए	ि◌	उ	द	◌ा	र	◌ा	द
◌ा	छ	◌ी	ठ	य	ञ	थ	ञ	ध	फ	श	ए	र	ए	न	ढ
म	श	◌ा	ऊ	ह	स	व	ध	ष	घ	घ	◌ा	ध	य	द	म
स	ख	भ	इ	इ	ण	ग	थ	प	फ	ष	ए	ल	ह	◌ा	ऊ
ष	ञ	व	घ	म	ह	त	◌्	व	प	◌ू	र	◌्	ण	र	ठ
इ	आ	फ	ढ	◌ा	ए	ध	ग	आ	ध	◌ु	न	ि◌	क	घ	ल
प	आ	ण	ष	◌ी	क	◌्	क	◌ा	◌ं	व	◌ा	◌्	त	ह	म
व	इ	ट	ख	ध	म	◌ू	ल	◌्	य	व	◌ा	न	ड	ह	न

महत्वाकांक्षी
खुशबूदार
कलात्मक
निरपेक्ष
सक्रिय
विशाल
विदेशी
उदार
युवा
बड़ा
समान
महत्वपूर्ण
धीमा
लंबा
आधुनिक
ईमानदार
उत्तम
भारी
मूल्यवान
पतला

9 - Geologia

त	ए	घ	ध	इ	ग	श	य	र	ए	न	ल	ड	थ	प	ए
य	इ	ढ	ब	ख	ण	र	य	ठ	ष	म	ख	छ	ध	◌ि	त
ख	ल	इ	ठ	भ	श	त	म	ग	द	ग	श	ध	ष	घ	प
ग	स	न	म	क	क	◌्	व	◌ा	र	◌्	ट	◌्	ज	ल	ल
ब	ह	ए	छ	ध	म	ष	ट	◌ं	ष	च	य	स	व	◌ा	व
घ	च	फ	न	श	उ	◌े	ष	◌ू	ह	ट	श	ह	स	ह	थ
स	म	प	उ	य	प	◌्	ल	म	फ	भ	ण	ए	द	◌ु	इ
ख	ए	ल	ठ	ए	ढ	क	छ	इ	न	छ	◌ू	ल	ध	आ	ह
ह	न	त	ट	ए	ढ	ल	न	य	ण	न	ढ	क	त	प	ह
ट	ट	◌ि	क	◌्	ल	◌े	ट	◌ै	◌्	स	ञ	म	◌ं	थ	द
त	ट	त	ज	त	ह	य	द	प	प	त	◌्	थ	र	प	ठ
ल	ट	स	◌्	र	◌ि	◌्	क	ग	ठ	ए	स	◌ि	ड	आ	इ
◌ा	थ	ठ	छ	प	ख	◌ी	म	◌ु	ल	◌ा	व	◌ा	◌्	ज	ख
व	◌ा	ट	क	ख	ल	भ	र	फ	प	व	र	च	ए	आ	इ
◌ा	ड	थ	प	व	◌ी	द	◌्	◌ा	ह	म	उ	ह	घ	फ	व
क	◌ै	ल	◌्	श	◌ि	य	म	श	◌्	व	◌ा	◌ी	ज	छ	य

एसिड
पठार
कैल्शियम
गुफा
महाद्वीप
मूंगा
क्रिस्टल
कटाव
जीवाश्म
पिघला हुआ
लावा
खनिज
पत्थर
क्वार्ट्ज
नमक
स्टैलेक्टिट
परत
भूकंप
ज्वालामुखी
क्षेत्र

10 - Campeggio

ज	च	य	ट	ठ	ग	ह	ख	ड	ल	ख	क	र	ट	ल	झ
प	◌ा	ग	श	ञ	ऊ	ध	र	घ	च	स	◌ी	◌्	स	र	◌ी
क	◌्	न	◌ा	र	क	र	क	◌ा	◌ि	श	ट	च	द	ढ	ल
◌े	आ	र	व	ट	उ	घ	ख	भ	द	ष	त	व	◌ा	ए	ए
ब	ञ	ए	क	र	स	◌ा	ह	स	◌ि	क	ए	फ	भ	◌ँ	फ
◌ि	व	न	च	◌ृ	◌ो	त	त	म	ऊ	र	ख	थ	ष	ए	द
न	श	स	स	घ	त	◌ं	आ	ठ	ग	ष	ण	इ	ह	ट	इ
ग	ट	ब	◌ू	◌ं	त	◌ि	ग	स	उ	ध	न	म	व	प	त
ग	ह	प	क	म	ल	ब	◌ी	श	स	र	च	ए	इ	ठ	ल
व	न	ल	◌्	ए	ल	ल	◌ं	न	प	म	ध	ह	ष	प	ह
घ	न	ए	◌ि	ल	घ	प	◌ो	ठ	ट	ड	ख	आ	भ	च	छ
झ	क	त	द	य	त	ण	ड	◌़	◌े	प	ट	छ	ब	ढ	थ
◌ू	◌्	त	श	थ	र	ट	◌ो	प	◌ी	घ	ढ	म	म	म	उ
ल	श	ख	ध	ण	घ	च	व	ध	ट	ग	ठ	ज	ऊ	ण	आ
◌ा	◌ा	ध	ए	ण	ल	ञ	न	ट	च	श	ड	◌़	◌ा	ह	प
ठ	ए	ए	थ	घ	ए	ल	त	इ	घ	र	ठ	◌ा	प	र	ढ

पेड़
झूला
जानवरों
साहसिक
दिक्सूचक
केबिन
शिकार करना
डोंगी
टोपी
रस्सी
मज़ा
वन
आग
कीट
झील
चाँद
नक्शा
पहाड़
प्रकृति
तंबू

11 - Tempo

म	ण	र	न	उ	ह	ष	◌्	र	व	च	त	ए	छ	थ	ऊ
म	ह	त	◌ा	◌्	प	स	ढ	व	त	◌ा	र	ड	क	श	द
आ	ध	◌ी	ष	ब	त	थ	थ	ए	ग	म	र	त	ल	य	म
द	ि◌	न	न	छ	व	भ	ख	व	ध	ट	ि◌	◌्	प	ष	ठ
ष	त	घ	थ	◌ा	ब	ष	ट	त	ट	ह	ग	न	ष	◌्	ड
न	घ	ठ	व	ए	म	ट	उ	आ	स	ठ	न	न	ट	ि◌	इ
म	घ	ञ	ड	ञ	घ	ठ	ञ	ज	ण	श	ध	ण	ल	व	क
म	उ	ष	घ	आ	य	ञ	ए	त	फ	न	उ	द	भ	भ	ण
फ	ल	ठ	भ	ढ	न	र	ह	प	◌ो	द	न	ए	ट	ए	श
उ	र	र	ख	द	ष	ड	ट	ष	ग	स	फ	ञ	घ	म	घ
इ	स	स	◌े	प	ह	ल	◌े	च	ण	◌ु	घ	ड	◌़	◌ी	न
च	ण	य	ख	त	व	◌े	य	फ	ख	ब	म	ड	ऊ	त	भ
छ	ए	म	इ	भ	ष	◌ं	आ	व	ख	ह	य	ण	ण	ल	फ
प	आ	ञ	प	ख	ञ	◌ै	स	ह	द	ठ	इ	ध	ष	ठ	त
ख	र	ण	ऊ	ण	फ	क	थ	ञ	ड	छ	स	द	◌ी	ग	ढ
ल	घ	◌ं	ट	◌ा	क	◌े	ब	◌ा	द	ट	ग	स	च	ठ	घ

वर्ष
वार्षिक
कैलेंडर
दशक
के बाद
भविष्य
दिन
कल
सुबह
महीना
दोपहर
मिनट
पल
रात
आज
घंटा
घड़ी
इससे पहले
सदी
सप्ताह

12 - Astronomia

व	ऊ	ट	र	म	द	◌ू	र	ब	◌ी	न	न	ग	ए	थ	क
ख	◌ि	भ	ल	ग	ए	फ	इ	व	ग	ट	ट	ड	र	उ	◌्
फ	न	ष	ब	◌्	र	ह	◌्	म	◌ा	◌ं	ड	ण	त	प	ष
ऊ	न	उ	◌ु	ल	थ	ऊ	य	स	ठ	उ	ए	ष	◌्	ब	◌ु
ध	ग	ठ	द	व	आ	ब	ख	ञ	श	न	ल	र	ष	न	द
इ	ए	ऊ	◌ॅ	ष	ल	ट	घ	उ	म	ट	◌ा	◌्	◌्	◌ी	◌्
स	◌ं	स	◌ा	र	ग	◌्	र	ह	ण	य	श	क	क	ञ	र
व	ण	ट	च	आ	क	◌ा	श	ग	ट	ष	◌ा	व	न	◌ा	ग
स	◌ु	प	र	न	◌ो	व	◌ा	ग	ब	य	ध	◌ा	ह	ज	◌्
र	ग	ध	ण	र	◌ा	श	◌ि	फ	व	ड	◌े	त	उ	◌्	र
न	◌ि	ह	◌ा	र	◌ि	क	◌ा	भ	प	इ	व	◌्	ष	व	ह
च	ञ	स	ग	ट	क	◌े	◌ॉ	र	◌ृ	म	ऊ	र	ञ	◌ि	फ
ध	इ	य	ह	ड	व	◌ि	ग	न	थ	ह	आ	◌ु	ल	ल	उ
ञ	घ	घ	र	ण	ए	स	◌ि	ढ	◌्	च	उ	◌ु	ञ	◌ो	ख
आ	क	◌ा	श	ग	◌ं	ग	◌ा	व	व	ढ	त	ग	र	ग	ध
ध	ट	उ	श	ष	छ	प	उ	र	◌ी	आ	थ	ग	फ	ख	घ

क्षुद्रग्रह
खगोल विज्ञानी
आकाश
ब्रह्मांड
नक्षत्र
विषुव
आकाशगंगा
गुरुत्वाकर्षण
चाँद
उल्का
निहारिका
वेधशाला
ग्रह
विकिरण
रॉकेट
सुपरनोवा
दूरबीन
पृथ्वी
संसार
राशि

13 - Algebra

ह	म	इ	ञ	ख	व	ख	ण	प	द	घ	र	स	घ	ध	प
न	स	ख	ध	ख	ब	द	◌े	◌्	च	ह	ढ	◌ं	ब	ख	ढ
ध	ट	घ	ठ	ल	ए	ट	ढ	र	ल	भ	स	ख	थ	त	ऊ
र	ण	ए	भ	ग	घ	ञ	ञ	त	आ	य	म	◌्	ए	घ	ल
त	उ	ञ	न	ल	ञ	स	ल	◌ि	ह	◌ो	◌ी	य	घ	ऊ	ख
इ	ञ	क	र	◌ा	क	ञ	ए	प	भ	ग	क	◌ा	ष	त	घ
फ	त	ठ	ब	ट	न	ष	श	◌ा	ष	फ	र	◌ा	◌्	ग	आ
स	ब	ष	ढ	ल	ज	ध	ब	द	ढ	भ	ण	ब	ए	व	छ
य	न	◌्	◌ू	श	भ	ल	◌ा	क	ड	इ	द	च	र	ड	न
श	न	◌ो	घ	ट	◌ा	व	भ	◌ा	त	थ	ल	च	ठ	ञ	ढ
ग	स	क	◌्	र	◌ि	ट	◌्	◌ै	म	न	स	स	ब	घ	च
स	व	ह	त	ल	व	झ	◌ू	ठ	◌ा	स	र	◌ं	ण	ञ	त
◌ू	ल	ब	ञ	उ	ट	घ	इ	ठ	द	प	◌े	ध	क	छ	अ
त	ड	ए	ह	ष	ट	य	ट	ब	ञ	भ	ख	च	च	ट	न
◌्	फ	आ	ए	व	र	ब	ऊ	ख	श	र	◌ी	ढ	ह	ए	◌ं
र	अ	◌ं	श	ख	ऊ	ग	ट	ण	ब	घ	य	फ	व	उ	त

आरेख
विभाजन
समीकरण
प्रतिपादक
झूठा
कारक
सूत्र
अंश
ग्राफ
अनंत
रेखीय
मैट्रिक्स
संख्या
कोष्ठक
संकट
समाधान
योग
घटाव
चर
शून्य

14 - Mitologia

ढ	ठ	आ	थ	प	ट	छ	स	ई	र	◌ा	क	◌्	ष	स	ब
ब	स	प	ढ	र	न	न	◌ृ	ऊ	र	ए	व	म	द	छ	द
श	इ	इ	त	ञ	त	ध	ज	ए	श	◌्	न	व	ह	ज	ल
ष	ध	न	◌ा	य	क	◌ा	न	ग	र	ज	ष	ठ	ल	◌ं	◌ा
श	ष	ञ	व	ण	व	द	क	ञ	◌्	द	ड	◌्	ड	त	ढ
फ	ट	च	◌े	ल	ञ	◌्	थ	त	द	व	श	ध	य	◌ु	ठ
ण	छ	थ	द	ऊ	र	◌ो	ढ	ऊ	आ	र	न	ठ	◌ा	◌ा	ष
ब	त	ह	द	ख	घ	य	ख	च	प	र	घ	ध	ल	ण	प
ट	◌ि	व	◌्	य	व	ह	◌ा	र	र	इ	ड	य	◌ै	उ	ष
न	क	ज	ल	ख	य	ग	ग	य	◌ू	थ	ठ	त	भ	ढ	ख
ग	◌ृ	प	ल	ए	च	न	थ	ग	ल	भ	ई	द	◌ु	◌ा	ज
भ	स	श	ह	◌ी	ढ	श	ए	द	◌ू	ञ	व	य	ल	ड	ल
भ	◌्	ण	थ	न	ए	◌्	ग	छ	म	श	ह	ब	◌ू	व	ए
फ	◌ं	न	ह	प	व	व	छ	ख	त	ण	ड	आ	भ	ए	य
इ	स	फ	ह	थ	ग	र	ऊ	ञ	ष	इ	न	आ	प	द	◌ा
द	◌ं	त	क	थ	◌ा	घ	फ	ण	अ	म	र	त	◌ा	छ	थ

मूलरूप आदर्श
व्यवहार
जंतु
सृजन
संस्कृति
आपदा
देवता
नायक
ताकत
बिजली
ईर्ष्या
योद्धा
अमरता
भूलभुलैया
दंतकथा
जादुई
नश्वर
राक्षस
गरज
बदला

15 - Piante

त	◌े	◌्	त	प	य	थ	न	प	ट	आ	उ	द	ह	उ	ध
◌ा	द	इ	त	प	च	उ	भ	त	◌ि	प	◌्	स	न	व	भ
◌्	र	ब	◌ा	◌ं	स	र	इ	◌्	ठ	प	ञ	ञ	उ	ब	ब
त	◌ी	ण	ल	ब	न	◌्	प	त	प	ञ	ष	ण	ह	छ	ग
प	◌े	ड	◌़	ए	उ	व	श	◌ी	ए	ट	आ	ए	व	ट	◌ी
उ	ब	ण	ड	च	ल	र	ल	ढ	आ	य	इ	प	ऊ	क	च
प	ख	स	ज	य	र	क	ष	द	छ	च	व	ड	र	◌ा	◌ा
ष	श	उ	ब	◌ु	श	ड	ढ	ख	ह	म	◌ी	ख	थ	ई	प
घ	ए	ट	इ	च	ए	च	आ	ञ	घ	◌े	ण	ऊ	आ	भ	छ
व	◌ा	ष	द	ह	आ	य	थ	इ	क	स	ब	ढ	◌़	न	◌ा
ए	ड	स	ऊ	छ	ह	त	फ	ल	◌ै	व	◌ू	ऊ	ख	फ	छ
र	ञ	ड	न	द	ए	छ	य	प	क	न	ड	र	ह	म	व
ठ	ए	ञ	ठ	ब	ब	च	प	ह	◌्	ट	द	इ	◌्	ह	य
स	इ	ग	ड	न	ञ	ए	ण	प	ट	ट	ध	ब	ख	य	म
फ	ए	घ	ठ	च	ञ	उ	च	ध	स	व	ञ	ध	ल	ण	छ
घ	उ	भ	प	फ	◌ू	ल	ग	ष	स	ल	ञ	श	ट	ड	व

पेड़
बेरी
बांस
कैक्टस
बुश
बढ़ना
आइवी
घास
सेम
उर्वरक

फूल
पत्ता
पत्ते
वन
बगीचा
काई
पत्ती
जड़
सूर्य
वनस्पति

16 - Spezie

इ	ढ	ई	स	इ	ड	ड	ट	य	च	स	म	घ	ड	द	ग
न	ल	ठ	र	उ	य	द	ठ	व	ह	छ	◌ि	ट	ग	प	उ
द	व	◌ा	◌्	स	थ	ऊ	च	फ	ट	ष	र	त	ट	च	द
न	ध	◌ि	य	◌ा	◌ि	न	ध	स	प	न	◌्	इ	म	फ	ब
ब	य	म	ह	च	फ	◌ु	ऊ	◌ौ	ध	त	च	व	न	य	ख
ल	श	स	ष	य	◌ी	स	छ	◌ं	ज	◌ा	य	फ	ल	ख	ग
ध	द	य	क	ख	र	ह	इ	फ	द	◌ी	◌्	ल	ह	ऊ	ढ
ब	म	ड	स	◌े	क	ल	प	ट	◌ा	◌्	ट	ख	म	ठ	घ
न	म	क	द	व	स	ञ	र	श	ल	◌ा	◌ी	न	व	ग	र
ह	न	ज	◌ी	र	◌ा	र	द	ढ	च	प	◌्	य	◌ा	ज	ठ
व	ल	ह	श	ऊ	भ	◌़	च	च	◌ी	ब	ऊ	ध	ए	ठ	आ
ट	आ	ष	ऊ	फ	ग	ल	ड	श	न	प	◌ा	य	◌्	द	न
द	ड	ण	च	व	छ	ठ	ह	क	◌ी	म	ठ	घ	भ	थ	ख
ऊ	ऊ	र	ठ	ड	ग	य	ठ	र	छ	व	ट	ष	उ	फ	भ
म	ए	आ	इ	उ	स	य	ह	द	उ	उ	भ	य	ए	इ	न
व	त	इ	घ	ढ	ण	ण	उ	अ	थ	र	ऊ	स	उ	उ	ऊ

खट्टा
लहसुन
कड़वा
दालचीनी
इलायची
प्याज
धनिया
जीरा
हल्दी
करी
मिठाइ
सौंफ
स्वाद
नद्यपान
जायफल
मिर्च
नमक
वनीला
केसर
अदरक

17 - Numeri

य	ख	ह	प	प	ब	इ	ञ	ह	द	य	व	त	ख	म	स
श	म	उ	त	◌ा	स	◌ा	त	य	ष	च	ख	स	च	थ	त
ग	ष	व	ष	◌ं	उ	न	र	व	ढ	◌ौ	ट	स	ठ	ण	◌्
द	स	ल	ध	च	न	त	इ	ह	छ	द	ग	आ	छ	ब	र
प	घ	म	न	न	◌ौ	त	ठ	ञ	प	ह	द	ठ	स	ट	ह
ढ	◌ं	श	◌ी	ड	आ	प	ब	उ	न	◌्	न	◌ी	स	अ	इ
ठ	ड	द	त	◌े	र	ह	◌ी	श	◌ू	न	◌्	य	ह	ठ	ह
ढ	ए	म	◌्	ट	छ	ण	स	ण	प	आ	द	न	त	◌ा	स
प	य	ट	ञ	र	भ	ल	त	ग	य	च	व	ए	ख	र	द
उ	म	र	ए	ऊ	ह	इ	ब	व	व	र	र	च	य	ह	म
ध	ढ	ष	ग	द	छ	म	ऊ	ण	ल	व	उ	त	◌ा	ऊ	ब
ह	च	इ	ल	◌ो	य	ञ	च	त	व	छ	फ	च	श	र	ल
ट	श	र	भ	छ	थ	स	ऊ	प	ढ	न	ढ	स	द	ष	द
न	ख	ठ	ग	ल	ऊ	◌ो	भ	प	ऊ	ण	य	ग	त	ह	श
छ	र	ए	ण	ख	ठ	ल	ए	ए	ढ	त	ह	र	ढ	ब	फ
उ	ब	द	द	ठ	ऊ	ह	उ	न	ड	न	ब	ऊ	न	त	ग

पांच
दशमलव
उन्नीस
सत्रह
अठारह
दस
बारह
दो
नौ
आठ

चौदह
चार
पंद्रह
सोलह
छह
सात
तीन
तेरह
बीस
शून्य

18 - Cioccolato

ए	ल	घ	स	ख	व	ल	फ	स	ढ	क	ब	व	व	ग	न
ग	प	ण	छ	ख	◌ि	फ	ख	ठ	◌ु	छ	◌ु	फ	य	ह	थ
भ	ग	ण	ठ	इ	ध	ण	ष	ड	श	ग	उ	ट	श	इ	ब
ट	द	ए	व	ह	◌ि	ह	ञ	ट	ष	घ	◌ं	ट	◌ी	ण	थ
व	◌ि	द	◌े	श	◌ी	छ	ख	द	श	ट	द	ध	आ	र	प
छ	क	ड	फ	प	ह	ड	◌ी	◌ं	◌ै	क	घ	स	आ	प	◌ा
म	ड	च	ध	इ	ढ	ख	ष	ऊ	म	ऊ	ऊ	◌्	श	त	उ
प	◌़	ठ	न	◌ी	◌ी	च	ह	क	◌ो	क	◌ो	व	फ	व	ड
◌्	व	त	◌ा	त	◌्	व	ण	◌ु	ग	ई	ठ	◌ा	◌ि	म	र
र	◌ा	उ	र	◌ी	ल	◌ो	◌ै	क	ग	ऊ	म	द	श	न	ण
◌ि	घ	ड	◌ि	स	◌्	व	◌ा	द	ए	ह	ए	◌ि	ए	ऊ	व
य	ब	ल	य	च	ष	न	व	स	श	ड	ख	ष	र	फ	य
र	फ	ह	ल	◌ी	फ	ग	◌ं	◌ू	म	आ	ग	◌्	ट	भ	घ
ढ	व	ए	ग	ट	घ	द	ह	न	त	प	ञ	ट	ठ	ठ	घ
आ	ए	◌ं	ट	◌ी	ऑ	क	◌्	स	◌ी	ड	◌े	◌ं	ट	भ	प
ग	व	स	घ	भ	र	स	य	इ	ह	प	ऊ	थ	आ	ड	न

कड़वा
एंटीऑक्सीडेंट
मूंगफली
सुगंध
कुटीर
कोको
कैलोरी
कैंडी
स्वादिष्ट
मिठाई
विदेशी
स्वाद
घटक
नारियल
पाउडर
प्रिय
गुणवत्ता
विधि
चीनी

19 - Immigrazione

च	ष	ऊ	भ	इ	फ	द	उ	ञ	ध	भ	ण	ष	ड	ह	च
व	ड	ण	भ	य	ट	म	इ	द	व	य	भ	ञ	प	उ	न
ढ	र	थ	य	य	ण	ओ	ट	घ	त	ध	ढ	उ	स	र	ञ
व	य	स	◌्	क	◌ो	◌ं	प	◌्	र	श	◌ा	स	न	ह	इ
◌ा	ह	घ	ष	आ	ल	म	ड	ल	ऊ	त	ब	च	ध	ट	आ
न	न	◌ू	◌ा	क	ल	◌ा	इ	ष	ढ	◌ि	प	फ	◌ा	ड	फ
त	द	न	◌ा	ड	घ	◌ी	म	ब	भ	थ	ऊ	ण	◌ा	ट	इ
ह	त	म	भ	प	ध	स	ठ	ड	च	◌ि	छ	द	म	ड	त
ब	ञ	ऊ	◌ो	थ	ड	ख	ण	ष	क	◌्	र	◌ं	स	इ	ढ
श	प	ञ	श	◌ु	स	◌ं	च	◌ा	र	स	च	व	ग	य	ट
ह	उ	ह	ण	च	न	प	ठ	च	ऊ	न	ऊ	◌े	द	ट	ह
ब	◌ा	त	च	◌ी	त	अ	स	म	य	स	◌ी	म	◌ा	श	ध
च	द	स	◌्	त	◌ा	व	◌े	ज	◌ो	◌ं	ह	स	आ	च	च
इ	भ	ड	◌ा	ट	छ	स	ह	◌ा	य	त	◌ा	ए	इ	ल	ऊ
प	उ	ह	आ	व	प	◌्	र	क	◌्	र	◌ि	य	◌ा	इ	ऊ
अ	फ	◌़	स	र	आ	प	ण	ड	ध	इ	ऊ	ए	द	ल	ट

वयस्कों
सहायता
आवास
प्रशासन
अनुमोदन
बच्चे
संचार
दस्तावेज़ों
सीमाओं
कानून
भाषा
प्रक्रिया
संरक्षण
समय सीमा
स्थिति
समाधान
तनाव
बातचीत
अफ़सर

20 - Guida

ब	◌्	र	◌े	क	ख	त	र	◌ा	ऊ	घ	ठ	न	प	स	प
प	ह	◌ा	छ	ग	य	ह	त	छ	ड	ड	ड	क	◌ै	ड	◌ु
ण	ण	क	द	ज	ए	आ	फ	ए	न	स	त	◌्	द	◌़	ल
म	थ	इ	प	र	◌ि	व	ह	न	ध	◌ं	ई	श	ल	क	◌ि
म	◌ो	आ	ढ	◌े	ट	म	ग	न	ड	ण	उ	◌ा	य	न	स
◌ो	न	ट	श	◌ै	द	◌ु	र	◌्	घ	ट	न	◌ा	◌ा	प	आ
ट	प	ऊ	र	ग	त	ल	ट	ठ	स	व	ग	ख	त	ञ	ड
र	म	भ	ण	र	छ	उ	ल	भ	ख	◌ु	घ	घ	◌्	प	व
स	म	ग	न	◌ं	ग	श	य	ग	फ	ह	र	र	र	ह	ग
◌ा	ल	ऊ	र	◌ु	ख	ष	त	ढ	◌ै	आ	ल	क	◌ी	ट	र
इ	ष	छ	श	स	प	ञ	त	य	ठ	स	ह	ण	◌्	ञ	थ
क	ण	ल	ध	ठ	उ	ब	आ	ठ	छ	ऊ	ष	ण	आ	ष	ब
◌ि	त	ग	फ	ष	व	स	स	◌े	◌ं	इ	◌ा	ल	छ	न	◌ा
ल	च	ल	ण	ड	म	ण	य	◌ा	त	◌ा	य	◌ा	त	स	ञ
य	ह	र	म	ग	च	ल	व	य	च	स	र	थ	ञ	ट	ठ
ल	ञ	ढ	ष	थ	छ	म	ट	ख	ट	द	भ	ध	ढ	थ	ट

कार
बस
ईंधन
ब्रेक
गैरेज
गैस
दुर्घटना
लाइसेंस
नक्शा
मोटरसाइकिल
मोटर
पैदल यात्री
खतरा
पुलिस
सुरक्षा
सड़क
यातायात
परिवहन
सुरंग
गति

21 - I Media

उ	ठ	ड	व	र	थ	श	श	इ	व	छ	थ	ध	ठ	ठ	ऊ
द	श	आ	ट	◌्	ब	◌ौ	द	◌्	ध	◌ि	क	व	म	म	ठ
◌्	ग	द	प	ड	य	उ	त	स	◌्	व	◌ी	र	◌े	◌ं	श
य	◌ो	ड	◌ि	◌े	र	क	द	◌ृ	ष	◌्	ट	◌ि	क	◌ो	ण
◌ो	व	प	ल	क	ध	क	◌्	स	◌ं	स	◌्	क	र	ण	म
ग	स	त	थ	◌्	य	न	ल	त	भ	स	ण	ह	त	व	स
छ	प	◌ं	त	ए	◌ा	◌ि	ट	क	◌ि	न	ह	ह	र	स	उ
व	ण	ञ	च	न	र	ज	ज	र	र	फ	ठ	आ	भ	ण	आ
ग	आ	इ	च	◌ा	भ	व	◌ि	◌्	घ	त	ल	र	भ	फ	य
च	छ	घ	ए	घ	र	र	◌ि	व	ण	ऑ	न	ल	◌ा	इ	न
श	◌ि	क	◌्	ष	◌ा	◌्	ड	ट	व	◌ि	ट	घ	आ	फ	◌ी
इ	प	ट	य	ध	व	◌ा	स	◌े	ध	ए	◌ा	ए	च	म	थ
त	छ	ष	श	इ	छ	स	उ	न	ब	ऊ	ब	व	ए	ब	◌ा
स	म	◌ा	च	◌ा	र	प	त	◌्	र	ह	फ	प	न	ष	◌्
व	◌ि	ज	◌्	ञ	◌ा	प	न	ण	ट	ऊ	ल	त	ट	च	स
य	घ	इ	ण	य	ध	न	थ	ट	◌े	ल	◌ी	व	◌ि	ज	न

दृष्टिकोण
वाणिज्यिक
संचार
डिजिटल
संस्करण
शिक्षा
तथ्य
तस्वीरें
समाचार पत्र
व्यक्ति

उद्योग
बौद्धिक
स्थानीय
ऑनलाइन
राय
विज्ञापन
सार्वजनिक
रेडियो
नेटवर्क
टेलीविजन

22 - Forza e Gravità

त	आ	भ	म	फ	ड	च	प	न	य	ग	इ	स	न	स	ड
क	ढ	य	व	ग	श	र	घ	ण	◌ा	त	स	ए	ध	ए	ण
उ	क	न	श	इ	स	म	य	ट	◌ं	ि◌	त	ग	ध	इ	आ
न	र	◌्	क	◌े	◌ं	द	◌्	र	त	श	ध	स	ख	र	ए
ड	छ	घ	ष	◌्	क	अ	भ	घ	◌्	◌ी	थ	उ	छ	ऊ	द
च	म	ऊ	र	◌ा	इ	म	◌ौ	थ	र	ल	च	ए	ठ	ल	स
◌ु	ग	स	◌ी	◌्	श	द	त	ड	ि◌	ठ	ञ	श	ड	ञ	ह
◌	◌्	◌ा	◌ू	य	ष	न	ि◌	ऊ	क	श	थ	ञ	ए	स	च
ब	र	र	द	ध	ल	ण	क	ल	◌ी	प	प	व	◌ा	ब	द
क	ह	◌्	ण	उ	त	◌ु	व	ष	ढ	◌्	भ	ि◌	ख	ण	श
त	◌ो	व	म	ट	ए	ग	ि◌	ञ	ध	र	ढ	स	भ	◌ो	च
◌्	◌ं	भ	छ	ब	ण	ष	ज	थ	ह	भ	म	◌्	श	ढ	ज
व	भ	◌ौ	ट	ञ	आ	इ	◌्	ण	ञ	◌ा	ब	त	ञ	ष	य
घ	च	म	उ	श	न	न	ञ	ध	ए	व	ग	◌ा	श	ण	श
ड	छ	ि◌	भ	ढ	छ	ख	◌ा	ब	व	ज	न	र	न	ख	इ
ड	भ	क	द	भ	उ	आ	न	द	ऊ	द	ध	थ	य	य	र

अक्ष
घर्षण
केंद्र
गतिशील
दूरी
विस्तार
भौतिक विज्ञान
प्रभाव
चुंबकत्व
यांत्रिकी

गति
कक्षा
वजन
ग्रहों
दबाव
गुण
खोज
समय
सार्वभौमिक

23 - Sport

ढ	ण	ण	म	स	न	◌ृ	त	◌्	य	ष	◌्	◌्	क	ल	ह
क	ष	ट	◌ा	च	◌्	द	फ	ब	फ	ट	ठ	ढ	ऊ	◌े	ड
व	◌ो	ल	◌ं	य	ढ	व	ष	ल	स	त	ह	च	द	ख	◌्
ह	प	च	स	◌ा	व	अ	◌ा	ट	थ	न	म	ल	उ	छ	ड
◌ृ	श	घ	प	प	द	ध	इ	स	द	ड	द	थ	न	त	◌ि
द	ण	इ	◌े	च	ग	◌ि	ट	ह	◌्	थ	ब	ऊ	व	◌ा	य
य	ल	ब	श	य	छ	क	श	स	द	थ	र	ह	ठ	च	◌ो
भ	ढ	ष	◌ि	फ	ग	त	ण	ह	ड	र	◌ृ	ष	श	ऊ	◌ं
ख	ए	इ	य	ष	उ	म	य	न	ऊ	ग	ए	य	ऊ	र	भ
ए	ड	ध	◌ो	क	◌ा	र	◌्	य	क	◌्	र	म	च	ग	ञ
ट	प	ड	◌ं	ढ	थ	◌ी	ख	◌ि	ल	◌ा	ड	◌़	◌ी	इ	च
क	◌्	ष	म	त	◌ा	र	◌ा	ह	आ	म	न	स	च	ल	य
त	◌ा	क	त	र	र	श	ग	आ	च	ण	स	ढ	ड	ल	द
स	◌ा	इ	क	◌ि	ल	च	ल	◌ा	न	◌ा	ऊ	म	ढ	भ	भ
छ	ए	ह	ड	र	छ	ञ	भ	घ	त	ग	ब	ख	ल	म	ण
ष	फ	ग	स	ए	ह	ठ	ख	श	प	ल	र	आ	स	आ	त

कोच
खिलाड़ी
क्षमता
हृदय
साइकिल चलाना
शरीर
नृत्य
आहार
ताकत
टहलना
आधिकतम
चयापचय
मांसपेशियों
पोषण
लक्ष्य
हड्डियों
कार्यक्रम
सहन
स्वास्थ्य
खेल

24 - Caffè

ढ	स	आ	ए	स	स	ग	उ	य	ए	ह	य	य	ण	फ	ट
ठ	घ	आ	ण	त	ञ	ल	उ	क	ह	ऊ	ब	त	ख	ऊ	फ
ख	भ	म	ल	◌ा	ई	इ	प	◌ै	श	इ	स	◌ु	ग	◌ं	ध
श	न	न	◌ा	र	ष	व	आ	फ	प	ण	ह	ण	स	थ	ग
थ	थ	त	◌ा	छ	त	ए	थ	◌ी	ल	व	छ	ए	व	ञ	व
आ	ल	व	क	ड	म	ऊ	ड	न	◌ा	न	◌ा	छ	उ	त	◌ि
छ	ठ	ऊ	स	ढ	◌ी	द	◌ू	ध	घ	◌ी	इ	छ	ढ	छ	व
ल	ष	त	ग	ह	क	व	त	द	ग	◌ी	थ	ण	र	च	◌ि
च	य	र	न	र	थ	◌ा	द	न	भ	च	य	व	घ	क	ध
फ	ग	ए	य	भ	व	◌्	ल	ष	ख	ग	ष	ट	ऊ	ड	त
फ	ढ	ग	ढ	ए	न	स	भ	◌ु	न	◌ा	ह	◌ु	आ	◌़	◌ा
प	क	ए	ठ	ल	आ	फ	ब	य	इ	भ	ए	य	आ	व	ण
◌े	स	ल	ख	द	ड	प	ध	म	न	भ	फ	य	भ	◌ा	च
य	ल	◌ी	◌्	म	अ	◌ा	ढ	घ	◌ू	म	फ	च	ब	आ	ठ
र	र	ऊ	य	य	श	न	थ	य	य	ल	य	घ	त	छ	ऊ
स	ष	ड	ध	थ	द	◌ी	उ	प	◌ी	स	य	श	ब	प	प

अम्लीय
पानी
कड़वा
सुगंध
भुना हुआ
पेय
कैफीन
मलाई
छानना
स्वाद
दूध
तरल
पीस
सुबह
काला
मूल
कीमत
कप
विविधता
चीनी

25 - Uccelli

उ	ल	◌्	ल	◌ू	घ	छ	प	थ	ट	य	श	स	ज़	स	ए
अ	◌ा	ष	प	फ	ए	इ	ऊ	स	ए	आ	ग	ट	◌ा	छ	ढ
◌ं	◌ु	ब	ख	श	ह	◌ं	स	ह	श	च	फ	छ	ब	र	ल
ड	ग	ई	ग	ल	म	प	◌े	◌ं	ग	◌ु	इ	न	भ	फ	स
◌ा	ब	त	ख	भ	ष	◌ो	ख	ज	र	ढ	न	क	◌ि	च	◌ौ
ब	ञ	र	◌ा	द	ड	ऊ	र	◌ा	◌्	न	ढ	◌े	ऊ	आ	◌ा
त	च	र	स	◌ो	स	ख	ष	र	म	ख	ष	◌ू	ह	य	व
प	ऊ	त	ह	त	त	भ	थ	घ	◌ु	प	ए	ट	ढ	ड	ह
ट	ल	ञ	ण	व	ठ	श	न	ञ	र	ह	ठ	ट	ध	ध	थ
ण	श	भ	श	ञ	थ	न	ड	ग	त	ध	ऊ	व	ड	ट	भ
आ	स	छ	ड	ठ	य	ष	◌्	न	◌ु	म	ख	र	◌्	◌ू	म
ख	इ	स	स	आ	छ	ल	श	क	◌ु	य	भ	ध	ष	ख	ऊ
थ	ड	ग	◌ौ	र	◌ै	य	◌ा	ब	श	द	ह	आ	स	न	व
व	ञ	स	ध	भ	ल	◌ो	ए	◌ू	ल	ऊ	न	ठ	ञ	च	छ
ध	स	र	उ	ह	फ	क	भ	त	ट	ए	प	द	ड	न	र
ट	व	त	ण	थ	ण	य	इ	र	ञ	ह	ण	न	य	न	घ

बगुला
बतख
ईगल
सारस
हंस
कोयल
बाज़
राजहंस
मूर्ख मनुष्य
उल्लू
तोता
गौरैया
मोर
हवासील
कबूतर
पेंगुइन
चिकन
शुतुरमुर्ग
टूकेन
अंडा

26 - Giorni e Mesi

भ	◌ी	र	व	र	फ	ऊ	उ	ड	ऊ	त	ठ	ड	र	श	क
श	ब	श	व	व	य	ध	ड	श	ए	फ	ब	फ	ठ	◌ु	◌ै
ठ	न	स	प	◌ि	ञ	श	थ	द	म	ब	ड	ए	व	क	ल
छ	◌ू	◌ि	फ	उ	व	ठ	छ	ज	◌ं	ग	व	ञ	ढ	◌्	◌े
ढ	ज	य	व	च	ष	◌ा	ग	◌ु	ग	ग	ह	भ	प	र	◌ं
छ	थ	ठ	छ	◌ा	◌्	ठ	र	ल	ल	ट	ए	म	प	व	ड
ड	ढ	र	प	ढ	र	त	फ	◌ा	व	च	ढ	घ	प	◌ा	र
म	थ	ए	ब	ब	व	व	ऊ	ई	◌ा	न	ख	य	श	र	ऊ
भ	व	ड	व	न	त	स	◌ा	फ	र	ब	◌ं	व	न	च	ण
अ	प	◌्	र	◌ै	ल	फ	व	ध	स	प	◌्	त	◌ा	ह	ठ
ख	भ	च	ग	श	◌ी	इ	ण	य	◌ु	र	ब	त	◌ं	◌ि	स
स	◌ो	म	व	◌ा	र	उ	ख	ध	र	ब	ट	◌ू	◌्	क	अ
द	ऊ	य	ए	ए	व	व	ख	त	◌्	स	ग	अ	थ	त	र
घ	ध	च	ह	भ	न	◌ा	◌ी	ह	म	◌ं	ह	फ	व	फ	आ
इ	घ	व	त	इ	ज	इ	न	ध	इ	◌ि	फ	फ	व	आ	ग
फ	म	ढ	ष	ढ	ल	ट	स	ग	इ	द	ढ	इ	ग	ब	ह

अगस्त
वर्ष
अप्रैल
कैलेंडर
दिसंबर
रविवार
फरवरी
जनवरी
जून
जुलाई

सोमवार
मंगलवार
बुधवार
महीना
नवंबर
अक्टूबर
शनिवार
सितंबर
सप्ताह
शुक्रवार

27 - Casa

ए	ग	द	ज	न	व	च	ब	व	म	ह	म	छ	उ	प	उ
ख	ख	प	◌ी	उ	य	◌ि	◌ौ	उ	प	त	ह	र	ज	ञ	ठ
ब	उ	फ	◌ं	प	ल	म	छ	त	ग	ल	◌ी	च	◌ा	त	ल
◌ा	र	ण	◌ु	च	क	न	◌ा	झ	क	क	◌्	ष	◌ा	ट	भ
ड	व	स	क	फ	◌ा	◌ी	र	◌ा	श	उ	ण	ब	व	ञ	ग
◌़	◌ा	न	◌ो	ष	त	क	◌ी	ड	◌़	◌ि	ख	ट	र	ष	व
फ	◌ी	फ	र	ई	स	इ	◌ा	◌़	प	ञ	श	छ	द	इ	घ
न	द	ल	ट	ऊ	◌्	ड	ट	◌ू	ब	द	ग	द	ट	ञ	ढ
ड	ग	ञ	इ	ञ	◌ु	प	अ	उ	द	ढ	उ	भ	ध	छ	ट
फ	थ	इ	भ	ए	प	ठ	ध	उ	ड	ह	ब	ग	ह	ठ	द
इ	उ	भ	छ	व	ए	छ	ड	इ	न	स	द	◌ै	ग	ऊ	उ
र	न	ब	य	छ	त	ल	द	भ	ए	ल	र	र	आ	श	उ
ब	ग	◌ी	च	◌ा	य	ड	द	छ	थ	ख	◌्	◌े	ल	ख	द
ल	भ	थ	ए	प	ग	ब	ठ	छ	न	ग	प	ज	ण	ऊ	ड
ऊ	द	ढ	ड	म	ग	त	आ	व	य	ध	ण	त	ऊ	छ	ग
च	न	ब	ह	ख	द	प	ट	फ	त	ल	त	ए	ब	य	ट

अटारी
पुस्तकालय
कक्ष
चिमनी
कुंजी
रसोई
बौछार
खिड़की
गैरेज
बगीचा
दीपक
दीवार
तल
दरवाजा
बाड़
नल
झाड़
दर्पण
गलीचा
छत

28 - Fantascienza

क	स	प	य	ड	प	ढ	आ	ग	◌ा	ग	◌ं	श	◌ा	क	आ
◌ा	◌ि	◌्	य	न	ण	श	उ	य	आ	ख	ग	◌ा	फ	ड	छ
ल	न	र	आ	क	◌ा	श	व	◌ा	ण	◌ी	ट	न	व	र	प
◌्	◌े	◌ौ	ध	म	छ	च	ण	य	ख	प	इ	द	◌ि	ग	◌ु
प	म	द	◌ी	व	◌ा	थ	र	◌्	◌ा	थ	य	◌ा	स	◌्	स
न	◌ा	◌्	र	ह	स	◌्	य	म	य	इ	ह	र	◌्	र	◌्
◌ि	ड	य	◌ा	प	◌ि	ट	◌ो	स	◌्	य	◌ा	ड	फ	ह	त
क	ड	◌ो	◌ा	न	घ	ब	प	छ	द	ठ	ऊ	थ	◌ो	फ	क
ऊ	क	ग	ए	न	य	स	भ	र	य	ल	ट	ए	ट	र	◌े
य	ल	◌ि	घ	थ	◌ि	ख	ड	प	ऊ	च	र	च	इ	◌ो	◌ं
ह	◌ो	क	न	ल	ण	◌ु	◌ा	म	र	प	र	फ	र	ब	आ
ह	श	◌ी	न	उ	ए	ख	द	र	न	न	उ	म	ब	◌ो	ट
फ	◌्	य	◌ू	च	र	◌ि	स	◌्	ट	◌ि	क	प	उ	ट	स
ल	र	ट	ब	न	ल	उ	य	भ	ए	त	न	त	ह	इ	इ
ल	द	त	उ	उ	भ	द	न	ढ	र	ब	य	ब	ल	ढ	ल
ञ	आ	भ	ञ	च	द	व	य	त	ञ	ग	ठ	ष	स	ब	ग

परमाणु
सिनेमा
डायस्टोपिया
विस्फोट
चरम
शानदार
आग
फ्यूचरिस्टिक
आकाशगंगा
भ्रम

काल्पनिक
पुस्तकें
रहस्यमय
दुनिया
आकाशवाणी
ग्रह
यथार्थवादी
रोबोट
प्रौद्योगिकी
आदर्शलोक

29 - Città

क	◌्	ल	◌ि	न	◌ि	क	ब	ध	ए	छ	र	घ	व	स	स
थ	◌ि	ए	ट	र	ह	◌ं	म	◌ा	न	◌े	◌ि	स	◌ि	◌ं	य
ध	स	ए	भ	ट	◌ो	◌ै	च	फ	ज	प	थ	व	श	ग	प
घ	◌ु	य	ह	ठ	ट	ब	◌ि	ञ	उ	◌ा	द	त	◌्	◌्	◌ु
छ	प	च	ञ	ञ	ल	छ	ड	छ	र	भ	र	त	व	र	स
च	र	ठ	व	ब	ड	ख	◌़	ठ	ह	ध	◌ी	ट	व	ह	◌्
ल	म	फ	उ	ह	ड	ह	◌ि	य	ख	ऊ	क	ष	◌ि	◌ा	त
श	◌ा	ध	◌ा	म	◌ा	ग	य	आ	फ	थ	◌े	स	द	ल	क
ञ	र	थ	ठ	र	ड	इ	◌ा	ऊ	स	स	ब	◌्	◌्	य	◌ा
ष	◌्	ञ	च	ट	◌्	द	घ	घ	◌्	फ	इ	ट	य	ए	ल
न	क	◌ा	◌ु	द	अ	म	र	इ	क	ट	ठ	◌े	◌ा	य	य
ट	◌े	श	थ	उ	ई	फ	◌े	द	◌ू	ब	स	ड	ल	घ	ग
इ	ट	ष	च	च	◌ा	ब	आ	स	ल	ड	ह	◌ि	य	ग	◌ै
ठ	ड	फ	◌ू	ल	व	◌ा	ल	◌ा	◌ी	ढ	ख	य	उ	म	ल
च	थ	ढ	य	त	ह	छ	छ	ञ	ड	ल	म	म	फ	ध	र
भ	◌ो	ज	न	◌ा	ल	य	ल	ट	र	ब	ञ	ए	ट	द	◌ी

हवाई अड्डा
बैंक
पुस्तकालय
सिनेमा
क्लिनिक
फार्मेसी
फूलवाला
गैलरी
होटल
बाजार
संग्रहालय
दुकान
बेकरी
भोजनालय
स्कूल
स्टेडियम
सुपरमार्केट
थिएटर
विश्वविद्यालय
चिड़ियाघर

30 - Fattoria #1

ऊ	ड	आ	त	श	व	ग	ष	घ	ष	श	आ	स	ब	न	र
फ	ल	ञ	थ	ब	ए	य	ट	घ	◌ो	श	भ	◌ू	आ	उ	थ
फ	ब	त	ढ	ष	भ	ढ	ढ	श	◌ा	ड	ड	अ	उ	ए	च
ट	◌ो	श	ब	◌ि	ल	◌्	ल	◌ी	ह	स	◌़	र	र	ग	◌ा
न	ज	ड	घ	◌ृ	व	च	ख	र	ट	द	◌ा	◌ा	◌्	ण	व
ड	थ	म	ल	क	ड	न	घ	क	श	ए	ब	ध	व	स	ल
य	ढ	ण	भ	छ	◌ं	आ	र	ब	ख	उ	ड	ग	र	ह	ऊ
ठ	ट	ठ	म	ध	◌ु	म	क	◌्	ख	◌ी	च	ल	क	ष	ण
ढ	घ	र	ठ	त	झ	क	◌ु	त	◌्	त	◌ा	◌़	ड	छ	ब
ग	ब	घ	ख	◌े	त	ढ	प	घ	भ	ब	उ	ञ	ह	स	ह
न	भ	द	इ	ढ	द	श	ण	घ	म	फ	छ	ऊ	त	व	फ
म	भ	न	ण	ष	ण	ए	ण	ह	व	प	◌ा	न	◌ी	थ	ट
व	च	ठ	ष	ल	उ	ऊ	ए	च	ऊ	ल	ढ	क	द	म	ल
न	च	न	छ	भ	उ	ए	छ	र	ट	थ	भ	◌ि	छ	थ	ष
ड	ह	ढ	ग	उ	आ	य	घ	न	न	व	ड	च	ट	श	ढ
आ	च	ब	आ	इ	ग	◌ा	य	द	श	ढ	व	फ	ड	भ	इ

पानी
कृषि
मधुमक्खी
गधा
खेत
कुत्ता
बकरी
घोड़ा
उर्वरक
घास

बिल्ली
झुंड
सूअर
शहद
गाय
चिकन
बाड़
चावल
बीज
बछड़ा

31 - Psicologia

ड	ख	इ	व	ग	ठ	अ	म	◌ू	ल	◌्	य	◌ा	◌ं	क	न
◌ी	अ	ञ	छ	ष	ऊ	छ	ह	ढ	ठ	स	ख	व	ब	ञ	घ
प	न	ब	उ	◌े	न	प	स	◌ं	न	श	स	स	ड	ऊ	भ
◌्	◌ु	स	य	प	◌ि	ब	ठ	घ	क	र	ठ	प	◌ं	भ	ट
र	भ	व	न	च	य	घ	ए	प	घ	◌ा	आ	फ	ड	क	उ
भ	◌ू	◌्	भ	स	◌ु	र	ख	श	थ	घ	र	ल	ठ	थ	ट
◌ा	त	य	च	थ	क	ड	ग	ए	व	त	आ	ष	व	म	व
व	◌ि	क	◌ि	ध	◌्	आ	ख	ञ	ट	ढ	ण	र	न	ड	◌ि
भ	थ	◌्	क	ड	त	◌ा	क	व	◌ि	त	स	◌्	◌ा	व	च
◌ु	थ	त	◌ि	ढ	◌ि	व	◌ि	च	◌ा	र	ण	घ	ह	छ	◌ा
न	ड	◌ि	त	ढ	व	◌्	य	व	ह	◌ा	र	◌ं	ए	त	र
अ	आ	त	◌्	न	◌ै	द	◌ा	न	◌ि	क	ग	स	स	म	◌ो
ञ	ब	◌्	स	इ	ट	श	ष	ब	थ	ष	ण	श	ख	ह	◌ं
च	भ	व	◌ा	ठ	भ	फ	स	च	उ	म	ष	ग	म	श	ख
द	ऊ	छ	स	ग	स	ध	ए	प	र	ग	भ	ए	ख	थ	प
ब	◌े	ह	◌ो	श	ग	ए	◌ँ	न	◌ा	व	◌ा	भ	प	ध	म

नियुक्ति
नैदानिक
व्यवहार
संघर्ष
अहंकार
भावनाएँ
अनुभव
विचारों
बेहोश
बचपन
प्रभाव
विचार
अनुभूति
व्यक्तित्व
संकट
वास्तविकता
सनसनी
सपने
चिकित्सा
मूल्यांकन

32 - Paesaggi

प	◌्	र	◌ा	य	द	◌्	व	◌ी	प	स	प	उ	ट	थ	ड
ह	ख	य	न	फ	ड	व	ह	न	व	म	ह	भ	ड	द	ऊ
ध	व	श	र	ट	च	य	फ	भ	◌ी	◌ु	◌ा	र	ल	ल	ञ
स	प	◌ि	झ	म	ष	ञ	ट	श	◌्	द	ड	ञ	त	च	ण
म	य	ल	स	ष	ख	ग	ट	ए	द	◌्	◌़	स	य	ढ	प
◌ु	ऊ	◌े	य	ण	इ	फ	न	◌ु	ण	र	◌ी	श	घ	थ	न
द	ड	◌्	उ	ऊ	म	ह	ध	ट	◌ं	य	ध	न	थ	भ	त
◌्	व	ग	म	ल	इ	र	छ	ह	ण	ड	◌़	◌ा	ह	प	◌ा
र	प	ढ	र	ण	फ	भ	◌ू	त	ऊ	द	◌्	त	छ	ध	स
त	ह	ढ	न	श	घ	ब	ढ	द	इ	उ	झ	र	न	प	◌्
ट	ख	◌ी	म	◌ु	ल	◌ा	व	◌ा	◌्	ज	◌ी	फ	◌ा	◌ु	ग
न	द	◌ी	उ	ह	फ	ब	ट	र	स	य	ल	द	ल	द	◌ि
ह	◌ि	म	ख	◌ं	ड	◌्	ष	◌ी	◌ा	फ	◌ा	ठ	ड	आ	◌े
ग	ड	इ	ञ	ऊ	ल	◌ि	ष	प	ग	र	ड	न	द	ड	र
ण	श	स	ड	श	र	ट	ठ	ए	र	फ	ञ	उ	श	छ	स
ध	आ	ढ	घ	च	र	घ	ए	ग	म	य	ह	स	त	फ	च

झरना
पहाड़ी
रेगिस्तान
टिब्बा
नदी
ग्लेशियर
गुफा
हिमखंड
द्वीप
झील
समुद्र
पहाड़
मरूद्यान
सागर
दलदल
प्रायद्वीप
समुद्र तट
टुंड्रा
घाटी
ज्वालामुखी

33 - Energia

त	ठ	ई	भ	क	ण	घ	ण	ष	ष	भ	आ	घ	द	ध	ह
घ	छ	◌ं	◌ा	◌ा	थ	न	भ	ख	इ	ट	ष	भ	च	ए	◌ा
ब	न	ध	प	र	ट	ह	व	◌ा	र	थ	आ	म	म	ण	इ
म	◌ि	न	ष	◌्	ब	ष	प	ध	ढ	ए	ढ	आ	प	ए	ड
फ	◌ो	ज	ठ	ब	न	ठ	स	त	ख	भ	ध	र	◌्	ञ	◌्
इ	◌ो	ट	ल	न	ठ	ण	न	आ	घ	प	आ	ग	र	ख	र
आ	ठ	ट	र	◌ी	न	श	ह	ष	श	म	प	◌ै	द	अ	◌ो
स	म	द	◌ो	ड	य	क	◌ी	भ	◌ि	◌ा	न	स	◌ू	क	ज
ड	◌ी	ज	ल	न	ल	ह	त	उ	भ	म	ऊ	◌ो	ष	◌्	न
ग	◌्	व	फ	प	र	◌्	य	◌ा	व	र	ण	ल	ण	ष	म
ट	र	ब	◌ा	इ	न	इ	व	ब	ड	क	म	◌ी	व	य	थ
ब	ग	इ	द	ण	च	ग	ख	त	उ	◌्	इ	न	ह	स	ड
◌ै	ट	इ	भ	ट	ञ	न	र	◌ॉ	ट	◌्	क	◌्	◌े	ल	इ
ट	ञ	उ	द	◌्	य	◌ो	ग	ख	स	त	र	ञ	म	फ	ण
र	त	ल	थ	भ	ष	ल	म	इ	ख	उ	स	ड	ष	थ	र
◌ी	व	ग	ञ	ध	छ	श	ऊ	च	फ	ठ	ष	द	ड	भ	छ

पर्यावरण
बैटरी
गैसोलीन
गर्मी
कार्बन
ईंधन
डीजल
बिजली
इलेक्ट्रॉन
उत्क्रम-माप
फोटोन
हाइड्रोजन
उद्योग
प्रदूषण
मोटर
नाभिकीय
अक्षय
टरबाइन
भाप
हवा

34 - Ristorante #2

म	उ	आ	ष	इ	ढ	ण	उ	च	ख	द	छ	द	प	उ	स
ट	ण	घ	ध	ष	द	ड	ख	प	च	ढ	आ	◌ो	◌ा	ठ	ब
फ	श	व	थ	ख	श	फ	फ	ल	◌े	र	भ	प	न	त	◌्
थ	ब	थ	य	ल	ल	र	म	◌े	आ	य	म	ह	◌ी	ग	ज
ए	न	ए	द	ञ	फ	ञ	द	◌ा	ह	ग	ध	र	ञ	थ	◌ि
ड	क	म	उ	घ	भ	ध	ए	स	च	ए	र	क	म	न	य
म	ध	स	◌ी	थ	प	ल	प	म	श	ऊ	◌ा	◌ा	ट	ऊ	◌ा
ग	र	श	ल	व	◌े	ट	र	ठ	स	ड	त	भ	र	प	◌ं
ख	◌्	ण	छ	◌ा	स	◌ू	प	आ	स	म	क	◌ो	त	ण	ब
ग	व	म	म	थ	द	ब	अ	ट	ब	द	◌ा	ज	क	प	ण
ग	ध	ए	ग	र	ण	न	स	◌ं	फ	च	ख	न	◌ु	च	त
ध	◌ा	स	त	ख	र	ह	ख	प	ड	श	◌ा	ट	र	म	फ
ढ	ष	न	ध	ठ	ल	व	छ	ख	ञ	◌े	न	ब	◌्	◌्	ब
ऊ	◌ु	क	◌े	क	व	ढ	ल	र	न	स	◌ा	ह	स	म	ऊ
स	◌्	व	◌ा	द	◌ि	ष	◌्	ट	◌ा	◌ं	◌ा	क	◌ी	च	ध
ग	क	ञ	ब	र	◌्	फ	इ	भ	ञ	भ	उ	ए	ठ	ड	ल

पानी
क्षुधावर्धक
पेय
वेटर
रात का खाना
चम्मच
स्वादिष्ट
कांटा
फल
बर्फ
सलाद
सूप
मछली
दोपहर का भोजन
नमक
कुर्सी
मसाले
केक
अंडे
सब्जियां

35 - Moda

भ	ग	व	म	स	आ	द	ष	इ	आ	फ	ड	च	ए	ण	क
छ	ख	◌े	ड	◌ु	र	थ	आ	ख	ध	थ	त	ञ	ष	आ	ढ
ठ	ट	◌़	ठ	र	◌ा	आ	स	स	◌ु	य	ष	ल	ष	य	◌़
थ	ड	ड	प	◌ु	म	छ	म	र	न	र	◌्	ट	◌ै	प	◌ा
म	◌ा	प	ग	च	द	भ	ल	ल	◌ि	म	भ	व	ञ	ष	ई
व	ए	क	म	◌ि	◌ा	थ	र	◌ी	क	ठ	व	◌ा	ढ	फ	ग
◌्	ञ	ट	◌ू	प	य	ब	थ	◌ै	म	व	छ	न	न	ऊ	ढ
य	र	◌ी	ल	◌ू	क	ग	र	श	प	◌ू	व	ब	ल	य	ह
◌ा	श	◌ु	ड	र	◌े	◌ं	◌्	ट	ण	ख	◌ा	ब	ट	न	श
व	छ	ब	ध	◌्	न	◌्	य	◌ू	न	त	म	म	ण	र	ष
ह	घ	ए	य	ण	उ	उ	फ	ष	र	ल	ष	ए	ञ	त	म
◌ा	ए	न	फ	◌ी	त	◌ा	ट	य	स	च	ढ	ढ	इ	ष	ह
र	द	ढ	ह	ट	र	च	फ	थ	इ	ष	श	आ	म	फ	◌ं
◌ि	ए	छ	ख	छ	न	थ	छ	ब	फ	म	घ	च	ग	त	ग
क	ख	द	ह	ड	र	ल	थ	ध	ल	च	फ	थ	आ	ठ	◌ा
न	न	उ	श	ए	उ	ख	न	भ	ल	य	ण	ट	ग	त	च

बुटीक
महंगा
आरामदायक
सुरुचिपूर्ण
न्यूनतम
माप
पैटर्न
आधुनिक
मामूली
मूल
फीता
व्यावहारिक
बटन
कढ़ाई
सरल
शैली
ट्रेंड
कपड़े
बनावट

36 - L'Azienda

ग	ज	स	र	इ	भ	द	ड	ए	त	च	श	ब	श	भ	ध
◌ु	◌ो	◌ं	उ	च	ञ	न	ञ	इ	◌ि	त	व	न	ह	ग	फ
ण	ख	भ	द	ठ	न	ड	ण	ह	ग	छ	◌े	र	ठ	व	य
व	◌ि	◌ा	◌्	छ	ए	◌ा	प	◌्	र	त	◌ि	ष	◌्	ठ	◌ा
त	म	व	य	ढ	द	ग	त	म	◌्	त	न	ञ	द	त	ब
◌्	फ	न	◌ो	ण	ब	प	स	◌्	प	ब	ध	ध	ञ	ढ	श
त	घ	◌ा	ग	अ	र	घ	ल	व	म	व	भ	ए	म	प	ध
◌ा	ऊ	व	ल	भ	व	◌्	ए	ठ	ब	क	ख	ल	उ	◌े	ढ
त	उ	ब	द	◌ि	व	ञ	◌ि	उ	त	◌्	प	◌ा	द	श	य
ष	ध	त	श	न	◌े	व	थ	न	ध	स	◌ा	◌ं	स	◌े	छ
व	फ	ध	ख	व	त	◌ि	त	◌ु	स	◌्	र	◌्	प	व	ख
ऊ	ख	ड	उ	स	न	व	◌ै	श	◌्	व	◌ि	क	छ	र	व
छ	य	य	छ	◌्	ण	झ	ग	ढ	ए	म	ञ	ट	ड	श	स
व	इ	त	भ	ज	न	ण	◌ा	थ	र	ष	ग	श	ण	ग	ञ
य	◌ो	◌ं	इ	◌ा	क	इ	न	◌ु	च	द	श	म	छ	ध	आ
ञ	श	ट	त	र	ग	◌ा	ज	◌ो	र	इ	ड	ढ	छ	ष	ख

रचनात्मक
निर्णय
वैश्विक
उद्योग
अभिनव
निवेश
रोजगार
संभावना
प्रस्तुति
उत्पाद

पेशेवर
प्रगति
गुणवत्ता
राजस्व
प्रतिष्ठा
जोखिम
संसाधन
वेतन
रुझान
इकाइयों

37 - Giardino

फ	◌ा	व	ड	◌़	◌ा	र	द	ब	◌ु	श	फ	ट	फ	ग	ञ
ठ	प	ल	ष	म	द	ध	◌े	ण	ब	च	ल	ग	◌ू	◌ै	न
च	◌ं	◌े	ब	भ	श	ऊ	उ	क	ध	र	◌ो	श	ल	र	ष
न	ल	◌ौ	ड	ब	ग	◌ी	च	◌ा	उ	आ	द	ग	◌े	◌े	ण
च	ख	द	◌़	◌़	झ	◌ू	ल	◌ा	भ	ट	◌्	द	ब	ज	व
आ	र	द	◌ा	म	◌ा	र	ब	ठ	त	ग	य	छ	त	प	ऊ
उ	म	श	ब	आ	ण	य	द	य	◌ा	छ	◌ा	द	घ	छ	म
च	ड	ष	ल	◌ॉ	न	आ	प	घ	ल	य	न	द	भ	ञ	ट
ब	ऊ	ल	य	त	ऊ	ट	द	स	◌ा	उ	न	ढ	ब	य	ग
च	य	उ	व	ग	ऊ	ठ	न	भ	ब	ख	छ	म	ढ	आ	ढ
ट	◌्	र	◌े	म	◌्	प	◌ो	ल	◌ि	न	ठ	ड	उ	ञ	घ
ढ	फ	ञ	ब	त	छ	ल	ट	ण	फ	त	द	म	ल	प	आ
ग	भ	ष	ञ	◌ा	श	ढ	ष	प	ए	आ	स	इ	ए	त	घ
ध	ए	ब	फ	म	य	स	य	न	ढ	भ	स	व	स	ण	ऊ
र	ध	म	ञ	आ	व	य	उ	ढ	ल	थ	न	त	थ	ण	द
प	ष	उ	ऊ	आ	ण	ढ	ऊ	ए	आ	फ	ध	घ	◌ा	स	र

पेड़
झूला
बुश
घास
मातम
फूल
फलोद्यान
गैरेज
बगीचा
फावड़ा
बेंच
बरामदा
लॉन
रेक
बाड़
तालाब
छत
ट्रेम्पोलिन
नली
बेल

38 - Riscaldamento Globale

छ	उ	घ	थ	आ	प	ण	क	ट	च	ऊ	स	प	आ	व	प
ए	र	ट	ढ	ग	ख	र	ट	क	ं	स	ऊ	ी	ड	ञ	प
ठ	ड	इ	य	फ	प	व	ि	ढ	व	ख	ह	ढ	ब	ऊ	च
व	ि	ध	ा	न	न	य	क	ण	स	ठ	र	़	ब	ध	ह
श	घ	ण	द	न	य	ा	्	ध	ा	म	ट	ि	उ	ढ	स
ग	ट	प	छ	व	ष	्	र	त	घ	म	इ	य	ल	ल	उ
ठ	ै	श	आ	ड	्	र	आ	अ	ब	उ	ह	ो	ठ	ऊ	थ
व	ध	स	ञ	र	ि	प	म	ख	ग	छ	द	ं	त	त	प
ै	र	ड	म	ढ	व	ज	ल	व	ा	य	ु	्	ञ	य	र
ज	र	व	स	थ	भ	ा	न	त	य	ड	ऊ	स	य	ञ	ण
्	स	र	क	ा	र	्	आ	ा	च	े	ल	उ	इ	ो	च
ञ	व	ढ	ा	ट	छ	र	ब	प	ढ	ट	ढ	द	ग	ए	ग
ा	ा	छ	ि	ढ	ञ	ऊ	ा	म	भ	ा	श	त	व	छ	न
न	ि	प	व	ल	ञ	प	द	ा	भ	व	इ	उ	ग	ब	ट
ि	न	इ	ष	न	श	श	ी	न	ड	ह	घ	ठ	ग	श	थ
क	ड	च	ढ	च	न	फ	ढ	ढ	ए	श	ग	घ	द	उ	ठ

पर्यावरण
आर्कटिक
ध्यान
जलवायु
परिणाम
संकट
डेटा
ऊर्जा
भविष्य
गैस
पीढ़ियां
सरकार
निवास
उद्योग
विधान
अब
आबादी
वैज्ञानिक
विकास
तापमान

39 - Frutta

भ	श	फ	◌़	त	◌ा	ल	◌ू	घ	स	ऊ	ए	ल	ब	छ	र
य	व	ऊ	स	ब	◌े	र	◌ी	न	र	द	व	◌ी	◌ी	क	ल
इ	छ	फ	ल	न	श	च	ग	ष	द	फ	◌ो	ग	ए	ट	थ
न	◌ा	र	◌ं	ग	◌ी	च	स	न	म	आ	क	फ	ष	र	द
ऊ	छ	र	न	ठ	घ	ए	ख	ठ	भ	ल	◌ा	◌े	क	च	म
ह	ब	भ	ख	फ	ढ	न	र	न	इ	थ	ड	य	च	व	अ
ल	उ	ग	ञ	ठ	थ	ढ	◌ी	ए	◌ा	म	◌ो	त	न	ण	न
ल	त	ड	ए	प	फ	च	ब	र	ड	श	ड	ड	त	आ	न
म	इ	ल	य	प	घ	त	◌े	ए	स	ह	प	ब	आ	ह	◌्
आ	ड	◌़	◌ू	◌ी	ल	व	क	र	न	भ	त	◌ा	र	भ	न
ए	अ	आ	ञ	त	र	श	ल	◌े	◌ी	ञ	र	द	त	च	◌ा
त	◌ं	च	ह	◌ा	ब	ट	◌ै	ब	ब	◌ू	◌ं	◌ी	न	◌ी	स
ध	ग	ण	म	ड	ग	फ	◌्	◌े	◌ा	ग	घ	आ	त	ठ	इ
य	◌ू	भ	छ	इ	आ	ध	ब	स	◌ु	ग	ञ	ध	स	द	ड
ऊ	र	उ	आ	ल	ए	प	फ	ब	ख	छ	च	य	भ	च	व
त	ख	ड	ञ	श	ह	ड	ख	ऊ	त	र	ब	◌ू	ज	ल	व

खुबानी
अनन्नास
नारंगी
एवोकाडो
बेरी
केला
चेरी
कीवी
रसभरी
नींबू
आम
सेब
तरबूज़
ब्लैकबेरी
शफ़तालू
पपीता
नाशपाती
आड़ू
बेर
अंगूर

40 - Fattoria #2

द	ल	ग	प	ब	ञ	थ	ञ	त	श	ण	थ	उ	ख	ए	ह
ड	य	न	ण	ौ	थ	ह	छ	ढ	भ	द	ू	ध	ठ	ल	ल
ध	न	द	भ	ज	घ	ा	स	क	ा	म	ै	द	ा	न	भ
थ	व	ढ	य	ा	त	ऊ	फ	म	व	द	इ	फ	ल	व	ो
ल	आ	त	त	न	ट	्	र	ै	क	्	ट	र	न	ठ	ज
द	ा	न	म	व	र	ब	र	ञ	ष	प	फ	आ	ण	उ	न
थ	भ	म	घ	र	ञ	ख	ल	ि	ह	ा	न	ा	म	े	म
ग	म	स	ा	ो	भ	त	ह	ब	ल	ा	स	घ	ऊ	उ	फ
य	ठ	क	श	ं	त	ब	ष	भ	ऊ	ट	ा	फ	ग	न	ल
स	य	थ	ई	ग	े	ह	ू	ँ	स	ढ	ि	व	स	य	ो
प	क	ा	ह	ु	आ	ऊ	ब	श	ढ	थ	क	च	र	ढ	द
त	य	य	ज	ौ	्	ब	स	ि	ं	च	ा	ई	ट	च	्
ग	त	छ	ल	ण	ण	ड	छ	श	घ	ण	भ	य	ट	ण	य
आ	ट	आ	ष	र	ए	घ	ण	थ	ख	प	ष	ऊ	व	छ	ा
उ	छ	फ	ञ	ह	भ	े	ड	़	ऊ	ण	ख	आ	ड	द	न
ल	श	फ	र	इ	ए	श	ध	स	ट	छ	ढ	च	य	ल	च

मेमना
किसान
बतख
जानवरों
भोजन
खलिहान
फल
फलोद्यान
गेहूँ
सिंचाई
लामा
दूध
मकई
पका हुआ
जौ
चरवाहा
भेड़
घास का मैदान
ट्रैक्टर
सब्जी

41 - Verdure

इ	ढ	प	घ	च	प	ष	म	छ	ख	क	ट	द	च	श	उ
ठ	न	ए	थ	ट	ढ	त	ह	द	ए	द	य	म	ख	ब	ढ
छ	फ	य	ए	घ	ण	स	ट	आ	ह	◌्	ध	न	◌ा	ऊ	इ
श	आ	थ	ढ	उ	छ	ख	द	घ	ए	द	द	प	ल	ट	च
र	ल	ध	ख	ख	◌ी	र	◌ा	ख	ण	◌ू	थ	ड	घ	ठ	र
प	व	ज	फ	छ	ह	ज	व	ह	ढ	प	भ	व	स	प	ऊ
◌ा	ढ	म	म	ब	स	◌ा	त	ग	ड	आ	ढ	थ	ह	ढ	ह
ल	ब	न	र	◌ै	ध	ग	ट	श	घ	घ	ल	ह	स	◌ु	न
क	उ	भ	त	◌ं	ट	थ	य	ञ	प	न	म	श	र	◌ू	म
स	ल	◌ा	द	ग	अ	ज	म	◌ो	द	◌्	अ	द	र	क	ह
इ	म	ह	म	न	त	◌ू	◌ै	ज	थ	न	य	ब	र	च	अ
ण	ष	ठ	◌ू	ल	आ	ग	च	न	ल	त	ण	◌ा	ग	थ	ज
फ	श	ब	ल	◌ी	क	◌ो	र	◌ो	◌्	ब	म	ब	ज	◌ी	व
म	ट	र	◌ी	ष	घ	द	न	भ	च	प	ड	ढ	र	◌ा	◌ा
य	ध	ल	म	ध	स	म	उ	ग	ट	फ	ब	भ	आ	ह	इ
द	ढ	ग	द	ठ	भ	ढ	ष	म	न	ह	उ	प	ग	स	न

लहसुन
ब्रोकोली
हाथी चक
गाजर
खीरा
प्याज
मशरूम
सलाद
बैंगन
जैतून
आलू
मटर
टमाटर
अजमोद
शलजम
मूली
अजवाइन
पालक
अदरक
कद्दू

42 - Musica

स	स	ऊ	ठ	स	र	ह	स	◌ु	स	◌ं	ग	त	ञ	न	ट
ल	◌ं	त	ब	र	ऊ	आ	ड	ग	ध	ठ	स	स	ल	फ	ठ
त	ट	ग	ड	◌ि	◌ं	र	◌्	क	◌ॉ	◌ि	र	क	ड	◌ो	ह
ग	ट	◌ा	◌ी	त	ग	प	य	म	प	आ	च	म	द	र	क
ठ	आ	र	स	त	ध	उ	ठ	म	ए	ढ	च	त	द	◌ो	◌ो
ट	ण	य	ब	ग	क	म	त	◌्	य	◌ा	व	◌्	◌ा	क	र
फ	ट	छ	भ	◌ी	ए	◌ा	फ	ह	ढ	ह	इ	त	म	◌्	स
ए	स	ल	इ	◌ं	व	थ	र	आ	ञ	ठ	ब	◌ा	न	इ	त
ग	ल	◌ा	च	स	श	◌ा	स	◌्	त	◌्	र	◌ी	य	◌ा	◌ा
◌ा	ग	◌्	ध	फ	स	ग	◌ा	न	◌ा	ब	ञ	ग	ष	म	ल
थ	प	ब	ब	न	द	ट	त	ब	ग	च	आ	थ	भ	ञ	ब
◌ा	ऊ	भ	ट	म	◌्	ए	◌ा	श	ञ	ध	छ	छ	इ	आ	द
ग	घ	उ	स	द	भ	ग	ल	ओ	प	◌े	र	◌ा	छ	ट	◌्
◌ी	र	न	फ	ष	◌ा	◌ा	ऊ	भ	र	ल	त	श	त	इ	ध
त	ग	फ	भ	च	व	य	ए	स	ल	फ	ह	थ	म	थ	ड
त	ट	र	ह	ष	ढ	क	स	◌्	व	र	ऊ	फ	ऊ	ख	स

एल्बम
सद्भाव
सुसंगत
गाथागीत
गायक
गाना
शास्त्रीय
कोरस
गीतात्मक
राग
माइक्रोफोन
संगीत
संगीतकार
ओपेरा
काव्यात्मक
रिकॉर्डिंग
तालबद्ध
ताल
साधन
स्वर

43 - Barbecue

न	म	क	म	ट	द	व	प	ए	द	ग	छ	व	आ	स	थ
म	र	म	ट	म	त	◌ो	ग	आ	ल	र	◌ि	◌्	ग	ल	ख
ठ	ग	आ	ए	◌ा	ञ	प	प	न	फ	◌्	ल	ग	म	◌ा	◌े
आ	र	ध	स	ट	स	प	उ	ह	ल	म	ञ	भ	ऊ	द	ल
भ	घ	ञ	ब	र	च	न	◌्	ऊ	र	◌ी	ग	◌ू	त	ध	ड
म	ऊ	श	ठ	त	त	◌ा	घ	य	ण	क	ग	ख	च	ह	ख
◌ि	व	इ	ध	त	व	ख	क	ट	◌ा	श	◌ा	च	◌ि	क	न
र	ट	य	ए	ल	ध	◌ा	ट	◌ू	न	ज	◌ो	भ	श	च	ल
◌्	आ	य	ढ	ए	ए	क	च	ध	न	इ	छ	ह	◌ो	ड	म
च	थ	स	ख	स	ह	◌ा	स	ठ	ध	ष	ए	छ	स	ज	स
ष	उ	न	ण	च	ह	त	◌ं	उ	ण	स	र	ढ	आ	आ	न
प	र	◌ि	व	◌ा	र	◌ा	ग	द	घ	फ	ठ	प	स	ष	ल
त	द	म	ष	ख	ण	र	◌ी	न	ट	च	ख	ड	ख	इ	ञ
ञ	म	ल	ह	थ	ण	र	त	◌्	म	◌ं	◌ि	न	छ	ख	ठ
घ	श	ढ	ष	ग	घ	व	ग	त	द	ठ	फ	ष	थ	ब	इ
न	ऊ	त	ण	ण	म	स	ल	ब	स	ढ	ट	ट	म	इ	ख

गरम
रात का खाना
भोजन
प्याज
चाकू
गर्मी
भूख
परिवार
फल
खेल
ग्रिल
सलाद
निमंत्रण
संगीत
मिर्च
चिकन
टमाटर
दोपहर का भोजन
नमक
चटनी

44 - Fisica

ए	ह	आ	म	ए	ब	न	ष	ण	ल	ध	अ	प	स	ञ	स
आ	य	व	त	◌्	क	ब	◌ं	◌ु	च	ड	र	ढ	◌ा	ब	◌ा
ख	य	◌ृ	ख	र	ग	ह	श	◌ा	ण	ड	◌ा	उ	र	इ	प
र	घ	त	आ	ग	य	र	ष	म	ख	अ	ज	व	◌्	ल	◌े
स	ग	◌्	ब	ग	न	ल	ण	र	ग	घ	क	य	व	◌े	क
म	आ	त	म	द	र	म	क	प	उ	द	त	म	भ	क	◌्
ट	न	◌ि	न	प	ल	ड	ल	◌ी	ण	ट	◌ा	य	◌ौ	◌्	ष
क	ण	व	ज	◌ा	र	ल	उ	ल	र	च	ड	घ	म	ट	त
श	ब	◌े	◌ं	आ	भ	ञ	छ	ल	व	◌ि	च	न	◌ि	◌्	◌ा
य	ञ	ग	इ	उ	ऊ	◌ि	ठ	ड	◌्	थ	त	त	क	र	ट
व	◌ि	स	◌्	त	◌ा	र	क	छ	त	उ	स	◌्	ढ	◌ॉ	ख
ड	घ	म	घ	श	घ	त	थ	◌ी	भ	ढ	घ	व	◌ं	न	ड
न	त	ख	ऊ	ग	ह	◌्	ट	म	य	श	त	ए	न	◌ा	स
च	म	व	छ	व	उ	◌ू	ख	त	ह	ण	ञ	ग	◌ै	स	य
ब	न	ण	ढ	आ	म	स	र	◌ा	स	◌ा	य	न	◌ि	क	छ
ग	◌ु	र	◌ु	त	◌्	व	◌ा	क	र	◌्	ष	ण	ष	र	आ

त्वरण
परमाणु
अराजकता
रासायनिक
घनत्व
इलेक्ट्रॉन
विस्तार
सूत्र
आवृत्ति
गैस

गुरुत्वाकर्षण
चुंबकत्व
यांत्रिकी
अणु
इंजन
नाभिकीय
कण
सापेक्षता
सार्वभौमिक
वेग

45 - Agronomia

प	न	ध	◌ा	स	◌ं	◌ु	न	अ	द	व	ल	न	न	ए	ख
घ	◌ा	ठ	ढ	ण	ए	ब	म	आ	ष	त	इ	य	प	स	र
ख	च	र	ग	ख	घ	ण	न	ज	◌ो	भ	प	य	ब	◌ी	ज
प	ह	ष	◌ि	थ	ऊ	ग	ञ	न	द	प	◌ा	◌्	त	उ	ट
घ	प	प	ढ	स	द	ध	◌ा	ढ	उ	ग	न	ध	फ	ढ	फ
ढ	आ	थ	र	उ	◌्	ऊ	ज	ए	ष	ब	◌ी	अ	च	ढ	आ
र	ऊ	य	न	◌्	र	थ	◌्	द	आ	श	छ	फ	इ	ऊ	थ
आ	ख	व	घ	ऊ	य	◌्	◌ि	ण	द	ध	ट	इ	भ	त	फ
ग	◌ो	◌ं	◌ो	र	प	◌ा	व	त	भ	छ	ह	थ	घ	आ	म
स	श	य	र	◌्	◌्	ठ	व	र	◌ि	न	म	ग	आ	ग	य
फ	म	ञ	ए	ज	र	ढ	◌ा	र	क	क	ष	◌्	ञ	ख	ठ
व	ट	ञ	ञ	◌ा	द	ड	ट	ट	ण	ए	◌ी	र	प	थ	भ
य	स	ध	व	ख	◌ू	फ	क	ञ	छ	म	फ	◌ा	न	म	न
ढ	◌्	ब	थ	व	ष	◌ि	◌ृ	क	ए	ध	भ	म	ड	ऊ	व
व	◌ि	क	◌ा	स	ण	छ	ध	ग	ण	आ	ट	◌ी	ह	ग	ख
भ	स	क	◌ा	र	◌्	ब	न	◌ि	क	ऊ	य	ण	थ	ब	ऊ

पानी
कृषि
पर्यावरण
भोजन
विकास
पारिस्थितिकी
ऊर्जा
कटाव
उर्वरक
पहचान

प्रदूषण
रोगों
कार्बनिक
उत्पादन
अनुसंधान
ग्रामीण
विज्ञान
बीज
सिस्टम
अध्ययन

46 - Erboristeria

म	ख	य	घ	ट	क	अ	म	ब	घ	ढ	ल	ए	ण	ल	ऊ
त	◌ु	ल	स	◌ी	ह	ज	स	ष	व	ल	छ	न	च	ऊ	य
भ	त	य	ख	उ	ण	व	व	व	श	ड	स	प	ढ	प	ऊ
प	◌ा	प	◌ा	क	त	◌ा	स	घ	ध	छ	◌ौ	आ	आ	◌ौ	च
ण	त	द	◌ि	ल	ह	य	भ	ल	न	द	◌ं	भ	ह	ध	ध
ख	◌ृ	छ	फ	◌ू	ल	न	ढ	थ	ढ	ग	फ	घ	ण	◌ा	व
फ	व	ध	आ	स	भ	श	फ	म	इ	छ	प	ट	ण	ढ	प
प	ण	ड	ग	घ	ढ	द	फ	ह	म	भ	ग	थ	ल	ट	ब
य	◌ु	र	ड	व	◌े	◌ं	◌ै	ल	स	ग	श	प	त	ब	स
ड	ग	द	◌ो	म	ज	अ	उ	ब	ढ	ए	भ	प	ल	भ	इ
भ	म	◌ा	◌ी	ष	ढ	र	ल	म	द	ग	घ	ण	स	ए	ड
च	ण	ब	ट	न	◌ी	◌ौ	द	ण	क	न	श	ञ	छ	आ	ठ
ख	ठ	◌ू	ध	च	◌ा	◌ी	ग	ब	ड	◌ु	ठ	ढ	उ	थ	ढ
ल	न	श	न	ग	◌ो	र	◌ा	त	य	स	ठ	त	उ	ष	ब
भ	व	◌ु	ठ	ग	स	ठ	ह	ब	भ	ह	प	र	स	◌े	क
प	ड	ख	द	आ	घ	भ	म	ल	छ	ल	ट	ण	◌ा	त	त

लहसुन
दिल
खुशबूदार
तुलसी
पाक
तारगोन
सौंफ
फूल
बगीचा
घटक

लैवेंडर
कुठरा
पुदीना
पौधा
अजमोद
गुणवत्ता
दौनी
अजवायन
हरा
केसर

47 - Danza

ड	द	ढ	ध	म	स	ब	न	ल	द	फ	श	श	ख	ह	प
च	थ	भ	म	व	प	◌ा	◌ृ	क	ध	ल	घ	ड	उ	र	र
स	◌ी	ध	छ	ल	आ	ल	त	अ	क	◌ा	द	म	◌ी	◌्	◌ं
न	◌ा	व	◌ा	भ	ऊ	क	◌्	ण	स	त	ण	न	इ	ष	प
स	स	◌ं	भ	श	थ	द	य	ञ	ठ	द	ख	घ	घ	◌ि	र
आ	छ	प	स	र	छ	ण	क	ढ	आ	ण	ष	ट	उ	त	◌ा
स	ख	ष	इ	◌्	ग	ध	ल	स	ख	ब	श	ठ	स	भ	ग
◌ं	छ	ट	ठ	द	क	ञ	◌ा	ह	◌ू	उ	घ	य	◌ं	श	त
स	ह	स	ग	ट	ट	◌ृ	ष	च	ष	च	घ	र	ग	◌ा	श
◌्	ल	थ	ग	थ	ञ	प	त	आ	ग	न	क	◌ि	◌ी	स	ब
क	श	र	◌ी	र	थ	छ	त	◌ि	ड	त	ऊ	ह	त	◌्	ग
◌ृ	ञ	त	ट	ए	ण	ध	ठ	ए	क	प	◌ि	र	ष	त	व
त	छ	छ	प	म	घ	इ	ढ	ञ	इ	ए	य	◌्	य	◌्	ठ
◌ि	र	य	ट	च	ऊ	ऊ	द	ह	व	ट	ट	स	इ	र	ऊ
भ	व	न	ट	द	◌ृ	श	◌्	य	ऊ	स	ड	ल	ए	◌ी	ए
र	घ	ल	त	उ	य	ड	म	ध	आ	स	छ	ण	प	य	ण

अकादमी
कला
शास्त्रीय
साथी
नृत्यकला
शरीर
संस्कृति
सांस्कृतिक
भावना
सूचक
हर्षित
कृपा
गति
संगीत
आसन
रिहर्सल
ताल
परंपरागत
दृश्य

48 - Biologia

प	श	अ	न	◌्	त	र	◌्	ग	◌्	र	थ	न	इ	ग	आ
स	◌्	र	ह	द	उ	भ	ट	ह	भ	ध	ट	ब	छ	◌ु	ञ
◌ृ	व	र	◌ी	स	अ	स	म	स	◌्	न	ल	स	थ	ण	व
◌ी	न	म	◌ो	र	◌्	◌ा	ह	ञ	र	छ	त	ञ	व	स	ठ
र	स	ठ	द	ट	र	ह	ढ	र	◌ू	श	इ	ल	ख	◌ू	ब
स	स	घ	ण	त	◌ी	च	च	स	ण	उ	ब	भ	न	त	◌ै
ह	◌ि	उ	ध	ठ	त	न	न	क	भ	◌ि	◌ा	न	त	◌्	क
प	य	स	ऊ	प	य	◌ी	प	◌ा	न	त	◌्	स	र	र	◌्
क	◌ो	ल	◌े	ज	न	क	त	◌ि	क	◌ृ	र	◌ा	◌्	प	ट
ण	ब	◌ै	घ	ञ	द	म	ह	व	ह	छ	घ	ए	व	ण	◌ी
ग	◌ा	स	ए	◌ं	ज	◌ा	इ	म	ब	र	र	उ	र	भ	र
आ	म	न	◌्	य	◌ू	र	◌ॉ	न	घ	ख	र	य	◌ि	ल	◌ि
फ	◌्	र	ठ	ट	ठ	न	घ	द	ठ	फ	म	प	प	ब	य
उ	◌ि	स	ल	म	न	आ	छ	ण	उ	भ	व	फ	◌्	ऊ	◌ा
ड	स	न	ण	भ	द	ल	न	य	स	य	प	य	त	च	स
ल	ञ	छ	थ	छ	न	भ	इ	स	ग	ड	छ	ह	उ	न	ह

शरीर रचना
बैक्टीरिया
सेल
कोलेजन
गुणसूत्र
भ्रूण
एंजाइम
विकास
स्तनपायी
उत्परिवर्तन
प्राकृतिक
नस
न्यूरॉन
नाभिक
हार्मोन
असमस
प्रोटीन
सरीसृप
सिम्बायोसिस
अन्तर्ग्रथन

49 - Attività Commerciale

क	र	◌्	म	च	◌ा	र	◌ी	ध	स	थ	ब	ल	ठ	ख	त
ट	व	ध	ण	श	इ	त	र	ख	स	इ	ज	ण	भ	श	व
ध	अ	ब	◌ि	क	◌्	र	◌ी	फ	ठ	फ	ट	इ	स	र	उ
ख	ब	र	न	◌ि	व	◌े	श	स	भ	छ	ऊ	छ	ल	थ	ब
र	◌ा	द	◌्	◌ु	म	ट	त	ध	ष	ह	ऊ	य	◌ू	म	ध
ह	ब	◌ु	य	थ	स	आ	ड	र	य	र	◌ि	◌ै	क	ट	श
म	त	क	फ	श	श	य	श	◌ी	ट	ण	प	ड	प	ढ	ट
इ	स	◌ा	◌ै	प	थ	◌ा	ढ	ट	ल	च	ष	ल	ख	ष	च
ट	फ	न	◌ी	प	◌ं	क	स	क	आ	ख	ट	फ	ध	स	ट
क	◌ा	र	◌्	य	◌ा	ल	य	◌्	भ	प	ट	ह	ल	प	य
न	◌ि	य	◌ो	क	◌्	त	◌ा	◌ै	त	त	◌्	◌ि	व	◌ा	ठ
ह	ल	ह	स	ऊ	य	ग	थ	फ	स	◌्	उ	प	ब	प	भ
न	स	ख	स	फ	त	◌ा	ष	ग	उ	ठ	र	ञ	ल	म	ब
ल	◌े	न	द	◌े	न	ल	व	भ	म	◌ा	ल	ए	प	प	च
भ	य	न	ग	ए	ध	म	थ	स	ऊ	ष	ए	ध	ष	छ	स
प	उ	ष	ब	ढ	प	ड	स	ल	प	य	ब	ट	ध	उ	श

बजट
कैरियर
लागत
नियोक्ता
कर्मचारी
अर्थशास्त्र
फैक्टरी
वित्त
निवेश
माल
दुकान
लाभ
आय
छूट
कंपनी
पैसा
लेन-देन
कार्यालय
मुद्रा
बिक्री

50 - Filantropia

य	आ	त	ग	र	द	इ	त	◌ि	ह	◌ा	स	भ	द	घ	ष
ल	क	◌्	ष	◌्	य	◌ा	थ	ढ	च	उ	ख	ठ	र	व	फ
च	र	छ	ठ	ड	ड	ऊ	न	◌ा	द	य	द	◌ा	◌ु	म	स
ठ	◌्	ण	ढ	आ	ञ	ष	ध	क	छ	व	न	◌ा	ट	ठ	ग
ऊ	प	स	म	क	न	◌ि	ज	व	र	◌्	◌ा	स	र	भ	ल
स	◌ं	ल	◌ो	ग	ल	थ	श	◌ा	ड	न	श	◌ि	म	त	र
ञ	स	य	◌ं	च	ड	प	ख	◌ु	ल	र	◌ा	उ	भ	◌ू	◌ा
म	स	र	र	च	द	न	ह	य	ध	ट	भ	य	ए	आ	ह
घ	न	य	क	ष	व	ण	इ	ई	म	◌ा	न	द	◌ा	र	◌ी
च	त	त	◌्	◌ि	व	भ	भ	उ	ण	च	श	घ	य	ञ	ठ
ब	◌ा	त	य	◌ो	◌ं	त	◌ि	न	◌ौ	◌ु	च	आ	त	ष	म
च	व	द	र	ह	स	ख	स	भ	ग	ट	ष	त	भ	छ	ए
◌्	न	ञ	◌्	इ	ड	य	त	फ	ख	ठ	छ	ख	म	ठ	इ
च	◌ा	इ	◌ा	श	ऊ	प	श	ह	ध	ए	थ	ल	छ	श	ग
◌े	म	छ	क	व	◌ि	श	◌्	◌ै	व	भ	ब	ञ	उ	छ	ए
ए	छ	म	ष	स	फ	ब	म	छ	व	ध	प	फ	ऊ	ध	स

बच्चे
दान
समुदाय
संपर्क
दान करना
वित्त
धन
उदारता
युवा
वैश्विक
समूह
मिशन
लक्ष्य
ईमानदारी
लोग
कार्यक्रमों
सार्वजनिक
चुनौतियों
इतिहास
मानवता

51 - Discipline Scientifiche

क	म	ज	च	द	उ	ड	छ	ख	च	ज	भ	र	य	म	फ
ख	◌ा	◌ौ	◌ी	ञ	ढ	प	ऊ	ट	ग	◌ी	◌ू	स	य	न	◌ि
न	भ	इ	स	व	ढ	श	उ	फ	ऊ	व	व	◌ा	◌ा	◌ो	ज
◌ि	ठ	ट	न	म	व	ए	व	भ	ड	र	◌ि	य	◌ं	व	◌ि
ज	आ	न	◌ा	◌्	व	◌ि	य	इ	य	स	ज	न	त	◌ि	य
व	ण	ञ	च	र	स	◌ि	ज	उ	स	◌ा	◌्	व	◌्	ज	◌ो
◌ि	ग	◌ा	र	स	क	◌ि	ज	◌्	ह	य	ञ	◌ि	र	◌्	ल
द	श	ज	र	श	◌्	घ	य	◌्	ञ	न	◌ा	ज	◌ि	ञ	◌ॉ
◌्	आ	◌्	◌ी	ग	ट	ड	फ	◌ो	ञ	◌ा	न	◌्	क	◌ा	ज
य	ब	व	र	ह	◌ि	थ	ढ	म	ल	◌ा	न	ञ	◌ी	न	◌ी
◌ा	ञ	◌ि	श	छ	ब	घ	ख	न	थ	◌ॉ	न	◌ा	ऊ	आ	ढ
ज	◌ी	ल	◌ॉ	न	◌ो	य	◌ू	◌्	म	इ	ज	न	श	ट	ठ
ण	ष	◌ो	प	घ	◌ो	इ	फ	घ	न	च	स	◌ी	ञ	र	ध
ञ	य	ग	ष	श	र	त	◌्	स	◌्	श	◌ा	ज	◌ा	म	स
घ	र	ख	प	◌ा	र	◌ि	स	◌्	थ	◌ि	त	◌ि	क	◌ी	श
प	◌ु	र	◌ा	त	त	◌्	व	फ	म	न	ऊ	ड	इ	ऊ	ऊ

शरीर रचना
पुरातत्व
खगोल विज्ञान
जीव रसायन
जीवविज्ञान
रसायन विज्ञान
पारिस्थितिकी
फिजियोलॉजी
भूविज्ञान
इम्यूनोलॉजी
काइन्सियोलॉजी
यांत्रिकी
मौसम विज्ञान
खनिज विद्या
पोषण
मनोविज्ञान
रोबोटिक्स
समाज शास्त्र

52 - Scienza

इ	घ	प	श	ऊ	प	इ	ष	ष	व	घ	आ	प	प	भ	प
ण	भ	ग	◌्	थ	ड	◌े	ट	◌ा	ष	भ	भ	स	ख	◌ौ	र
ट	छ	ड	स	र	व	◌ै	ज	◌्	ञ	◌ा	न	◌ि	क	त	◌ि
त	र	◌ी	क	◌ा	क	न	ञ	प	ष	ष	थ	ए	स	◌ि	क
ए	द	म	◌ा	र	च	◌ृ	ह	व	त	ऊ	ख	ट	ष	क	ल
उ	म	ह	◌ि	ष	र	र	त	ज	ष	य	म	ऊ	त	व	◌्
प	श	न	व	द	ए	घ	र	◌ि	उ	य	ञ	श	ए	◌ि	प
इ	◌्	इ	छ	च	ज	◌ी	व	न	क	◌ो	ल	व	अ	ज	न
द	व	र	ठ	ढ	ल	उ	ण	ख	इ	ग	ग	स	य	◌्	◌ा
इ	◌ा	च	य	ल	आ	ञ	प	◌्	र	य	◌ो	ग	ब	ञ	ज
ढ	◌ी	उ	◌्	◌ो	ठ	ट	ष	न	य	य	प	स	ञ	◌ा	ल
अ	ज	ध	थ	प	ग	व	त	ध	ब	ढ	म	ध	न	न	व
ह	ण	ल	त	श	ल	श	र	◌ा	स	◌ा	य	न	◌ि	क	◌ा
द	क	◌ु	च	छ	ख	ख	◌ा	प	र	म	◌ा	ण	◌ु	ल	य
य	प	छ	ओ	त	ऊ	ह	ऊ	ल	ण	स	च	भ	प	ध	◌ु
उ	थ	स	आ	◌ं	प	फ	ण	फ	◌ा	श	थ	म	ध	ह	ह

परमाणु
रासायनिक
जलवायु
डेटा
प्रयोग
विकास
तथ्य
भौतिक विज्ञान
जीवाश्म
परिकल्पना
प्रयोगशाला
तरीका
खनिज
अणुओं
प्रकृति
जीव
अवलोकन
कण
वैज्ञानिक

53 - Boxe

ख	श	च	न	उ	ष	ह	र	◌ौ	फ	◌े	र	ञ	र	क	इ
ड	◌़	◌ी	◌ो	ठ	ऊ	म	◌ी	स	व	द	घ	ए	आ	◌ौ	ब
स	ए	र	घ	य	ण	फ	र	क	◌्	श	ऊ	प	प	श	ठ
त	◌ा	ल	थ	◌्	ख	त	श	◌ो	स	स	घ	ट	उ	ल	द
क	म	ठ	इ	घ	र	न	र	फ	व	थ	◌ि	न	ऊ	ह	आ
◌ा	◌ो	ञ	ए	◌ं	य	◌े	न	श	ब	थ	उ	य	श	ए	इ
त	स	ह	ठ	ट	ष	त	प	ल	ध	क	च	न	◌ो	थ	आ
न	न	ध	न	◌ी	य	◌ा	श	आ	ऊ	ग	ष	व	ध	◌ं	ब
ह	ढ	भ	ठ	◌ी	ट	◌्	◌ु	म	प	य	व	◌ि	य	ख	ख
इ	ड	फ	ऊ	ब	प	स	अ	◌ं	क	◌ा	स	र	त	ठ	य
ड	श	ञ	ऊ	ढ	ग	द	त	ए	◌ू	य	◌ू	◌ो	ण	भ	ग
ठ	उ	द	ञ	च	ख	क	ड	ग	◌ा	व	ल	ध	य	ञ	ष
स	फ	व	श	स	उ	◌ो	घ	व	◌़	ह	◌ी	◌ी	ए	ब	ढ
ष	ड	घ	ह	फ	ठ	न	ऊ	आ	ड	स	ख	भ	छ	त	ञ
च	ए	ए	घ	श	उ	◌े	प	च	ल	ट	व	ऊ	उ	म	स
ऊ	ष	ख	ऊ	न	थ	न	ध	आ	फ	ख	ल	छ	प	व	ल

कौशल
कोने
रेफरी
विरोधी
लात
घंटी
लड़ाकू
रस्सियों
शरीर
थक गया
ताकत
फोकस
कोहनी
दस्ताने
ठोड़ी
मुट्ठी
अंक
शीघ्र
वसूली

54 - Imbarcazioni

ड	उ	म	आ	ञ	छ	य	व	ए	श	ण	ऊ	ग	ष	फ	छ
ह	ऊ	ठ	व	घ	न	न	फ	र	ण	ल	प	ष	इ	ञ	ण
घ	छ	न	ए	इ	फ	श	छ	प	भ	ए	ष	ठ	ह	ल	ए
व	ए	ड	आ	ट	ल	ल	ए	ब	इ	ख	झ	न	च	त	ट
न	प	ञ	ध	फ	ह	ल	त	◌ू	◌्	स	म	◌ी	द	न	स
ष	ञ	आ	छ	न	ज	◌ं	इ	क	श	◌्	त	◌ी	ल	इ	त
म	ब	उ	आ	आ	र	ग	◌ा	स	◌ी	◌्	स	र	म	म	घ
ह	य	ब	स	न	◌ू	र	◌ी	द	◌्	◌ु	म	स	म	छ	ञ
ड	ड	ल	य	ट	◌्	द	ब	◌ं	स	◌े	ल	ब	◌ो	ट	इ
न	◌ौ	क	◌ा	प	क	◌्	ठ	ल	◌ो	छ	आ	प	छ	ल	र
ञ	ठ	व	◌ो	ब	र	◌ु	ढ	ञ	ह	ड	◌़	◌ा	◌े	ब	ञ
घ	ढ	◌ि	ब	ञ	ष	म	ब	इ	ञ	र	व	◌ा	◌्	ज	द
ख	श	◌ा	म	न	ष	स	घ	ख	च	ग	◌े	प	ह	आ	ड
घ	ल	न	ञ	थ	ठ	स	प	य	आ	◌ो	र	◌ं	व	ढ	छ
ग	ट	द	न	ह	ग	ञ	य	प	ऊ	द	च	व	न	ख	ट
द	ढ	ध	आ	त	ठ	ड	ढ	ढ	व	◌ौ	थ	भ	ट	फ	थ

मस्तूल
लंगर
सेलबोट
बोया
डोंगी
रस्सी
गोदी
क्रू
नदी
कश्ती

झील
समुद्र
ज्वार
नाविक
इंजन
समुद्री
सागर
लहरें
नौका
बेड़ा

55 - Chimica

न	ज	र	◌ो	ड	◌्	इ	◌ा	ह	ए	न	इ	क	फ	द	क
ज	◌ा	व	श	त	ब	य	थ	आ	र	ह	व	◌ा	आ	उ	◌्
व	श	भ	व	छ	ञ	स	ञ	य	ल	ण	ल	र	त	र	ल
ए	म	ट	◌ि	ध	ग	ड	ञ	फ	य	◌ु	ठ	◌्	त	श	◌ो
त	स	श	ए	क	न	◌ि	ब	र	◌्	◌ा	क	ब	य	ब	र
◌ा	उ	◌ि	छ	न	◌ौ	ऊ	म	ए	ऊ	म	छ	न	य	आ	◌ौ
प	द	ञ	ड	र	न	य	द	ए	ख	र	त	म	न	म	न
म	य	श	भ	◌ॉ	त	ऊ	र	ब	च	प	थ	न	ग	ण	स
◌ा	ग	म	य	ट	य	स	ऊ	◌ौ	म	ए	◌ं	ज	◌ा	इ	म
न	च	ग	ध	◌्	च	न	घ	ण	ष	ड	ण	स	ग	न	अ
ढ	व	ध	श	क	आ	घ	त	ऊ	फ	◌ा	आ	◌ौ	र	म	ण
उ	त	◌्	प	◌्	र	◌े	र	क	ख	ण	◌्	◌्	◌्	क	◌ु
ए	उ	य	ए	◌े	ल	ष	ब	उ	घ	ध	म	क	म	द	ण
ग	ल	ल	ड	ल	ड	ऊ	च	भ	इ	ढ	भ	ऑ	◌ौ	थ	छ
व	ल	न	छ	इ	ग	◌ै	स	भ	त	द	द	ट	ट	उ	श
ग	व	ट	छ	ऊ	द	भ	आ	फ	फ	स	ठ	भ	ख	ढ	ल

एसिड
क्षारीय
परमाणु
गर्मी
कार्बन
उत्प्रेरक
क्लोरीन
इलेक्ट्रॉन
एंजाइम
गैस
हाइड्रोजन
आयन
तरल
अणु
नाभिकीय
कार्बनिक
ऑक्सीजन
वजन
नमक
तापमान

56 - Professioni #2

द	स	च	◌ि	क	◌ि	त	◌्	स	क	ठ	थ	प	आ	इ	ह
प	◌ं	र	ध	श	इ	ख	ठ	क	ष	क	◌्	◌ि	श	ल	श
त	ज	त	◌्	ब	न	त	श	ए	उ	न	ष	ल	इ	स	फ
◌्	◌ा	ख	च	ज	ग	भ	ऊ	ध	ध	◌ि	ड	उ	ध	◌्	◌ो
र	स	ड	र	◌ि	न	ढ	न	न	स	श	ट	आ	ठ	ट	ट
क	◌ू	इ	य	स	क	च	◌ि	त	◌्	र	क	◌ा	र	◌्	◌ो
◌ा	स	प	न	य	र	◌ि	र	◌े	ब	◌्	इ	◌ा	ल	र	ग
र	ख	◌ा	◌ि	आ	क	श	त	थ	थ	◌ा	इ	ञ	◌ी	◌े	◌्
ऊ	प	य	ज	न	◌ा	ऊ	◌ो	◌्	य	द	प	ए	◌ा	ट	र
ट	ऊ	ल	◌ी	ध	ष	घ	व	ध	स	य	द	छ	म	र	◌ा
ञ	ढ	ट	◌ं	आ	◌्	श	च	ध	क	क	म	ह	उ	ष	फ
व	ग	व	इ	उ	◌ि	व	ह	ड	ड	र	ञ	ड	ष	थ	र
ष	इ	ण	क	ष	व	◌े	◌्	न	अ	इ	◌्	थ	म	फ	ख
ह	ख	ल	न	ब	आ	ञ	ट	फ	ख	थ	इ	त	भ	ब	ल
ब	ह	◌ु	भ	◌ा	ष	◌ी	श	श	घ	फ	ठ	ह	◌ा	उ	ऊ
छ	ज	◌ी	व	व	◌ि	ज	◌्	ञ	◌ा	न	◌ी	प	इ	व	ठ

लाइब्रेरियन
जीवविज्ञानी
सर्जन
दंत चिकित्सक
जासूस
दार्शनिक
फोटोग्राफर
माली
पत्रकार
इलस्ट्रेटर
इंजीनियर
शिक्षक
आविष्कारक
अन्वेषक
बहुभाषी
चिकित्सक
पायलट
चित्रकार
शोधकर्ता

57 - Letteratura

ञ	र	ड	ढ	ज	◌ी	व	न	◌ी	आ	ल	ख	श	न	ऊ	थ
र	उ	◌ा	स	ऊ	आ	व	च	य	ल	◌ी	◌ै	श	घ	प	ष
व	फ	ट	य	न	भ	प	स	ष	◌ो	न	आ	ब	ण	ब	ल
न	ठ	ध	◌ा	र	छ	त	आ	ट	च	ख	ठ	भ	ह	फ	ट
य	ञ	थ	◌्	त	ल	ल	ण	ख	न	थ	इ	र	थ	घ	घ
ण	फ	ग	न	◌ा	प	त	◌ा	न	◌ा	म	स	क	◌ू	य	य
न	ष	य	प	ल	न	र	न	य	ट	र	ष	व	ध	प	ख
य	च	ण	उ	द	व	◌ा	◌ं	स	◌ा	स	◌्	◌ि	क	प	क
प	च	ण	र	व	◌ि	व	इ	ट	फ	इ	ष	त	ख	ट	◌ु
ल	ष	र	◌्	क	ष	◌्	◌ि	न	ल	श	फ	◌ा	◌े	च	त
ग	ट	ध	ख	छ	य	ट	भ	श	ए	र	घ	इ	ल	ण	ठ
आ	उ	त	◌ु	ल	न	◌ा	ण	न	◌्	ब	फ	व	छ	न	ण
क	◌ा	व	◌्	य	◌ा	त	◌्	म	क	ल	स	व	भ	द	ग
त	◌्	र	◌ा	स	द	◌ी	व	ग	ऊ	थ	◌े	भ	व	र	छ
ग	ञ	ञ	ए	ऊ	छ	ल	य	ग	द	उ	ध	ष	त	द	ञ
इ	ष	द	भ	ण	ह	ख	य	आ	भ	भ	ठ	र	ण	ठ	ण

विश्लेषण
समानता
किस्सा
लेखक
जीवनी
निष्कर्ष
तुलना
आलोचना
विवरण
संवाद
रूपक
राय
कविता
काव्यात्मक
तुक
ताल
उपन्यास
शैली
विषय
त्रासदी

58 - Cibo #2

ख	त	म	फ	न	ग	ष	य	ञ	न	उ	ल	ए	घ	प	श
ड	न	भ	त	प	म	ख	ल	ल	ञ	ढ	अ	त	ग	ह	ञ
र	म	ग	ढ	ण	र	द	न	भ	द	ष	◌ं	च	म	ह	प
घ	न	म	ए	ध	ग	ध	न	ए	र	ल	ग	फ	ध	प	ब
च	प	इ	य	छ	न	र	◌ो	ट	◌ी	फ	◌ू	ग	ए	द	◌्र
थ	न	आ	र	ढ	ब	◌ै	◌ं	ग	न	म	र	◌े	ञ	ह	र
ग	ह	आ	ग	ल	◌े	स	भ	र	प	◌ू	छ	ह	ण	◌ी	◌ो
व	छ	ञ	व	त	स	ध	ख	ल	व	र	ड	◌ू	ञ	छ	क
भ	प	घ	त	ऊ	ख	अ	ए	ञ	स	श	ण	◌	ब	ग	◌ो
व	इ	श	र	य	छ	ह	◌ं	ध	र	म	◌ै	ह	ऊ	ए	ल
ट	ग	च	ब	ठ	भ	ण	छ	ड	ट	छ	व	ल	ब	ग	◌ी
आ	उ	न	च	ल	ड	इ	प	न	◌ा	ल	व	◌ा	च	छ	ध
म	ए	ऊ	◌े	च	ग	प	ष	म	म	◌ी	◌े	◌े	ण	ढ	फ
ठ	ख	ठ	र	त	◌ि	भ	भ	ख	ट	फ	ध	क	न	न	इ
ञ	ग	व	◌ी	◌ी	क	क	ख	ऊ	ध	ञ	म	ष	◌ॉ	र	थ
ह	भ	त	व	म	ब	ब	न	इ	◌ा	व	ज	अ	त	च	द

केला
ब्रोकोली
चेरी
चॉकलेट
पनीर
मशरूम
गेहूँ
कीवी
सेब
बैंगन

रोटी
मछली
चिकन
टमाटर
हैम
चावल
अजवाइन
अंडा
अंगूर
दही

59 - Nutrizione

ह	उ	भ	ह	च	ब	श	थ	ञ	ग	म	च	ग	ग	इ	ब
आ	प	◌ृ	र	छ	न	ऊ	ह	ल	ध	उ	ख	य	य	क	ण
न	त	ख	भ	इ	ग	ऊ	ष	इ	उ	ऊ	ढ	घ	ख	ड	ब
ब	ल	प	◌ु	ष	◌्	ट	◌ि	क	र	छ	ब	भ	ब	◌़	इ
क	◌ि	ण	◌्	व	न	ज	व	भ	◌ी	य	य	छ	ञ	व	ब
ष	त	प	◌्	र	◌ो	ट	◌ी	न	ल	ग	ह	छ	द	◌ा	त
ऊ	◌ु़	ब	न	ग	ण	ख	ह	ग	◌ो	द	व	ए	ण	ठ	स
छ	◌ं	ह	आ	◌ु	ण	ब	व	त	◌ै	व	ष	आ	न	थ	◌्
ऊ	स	इ	आ	ण	य	घ	य	र	क	◌ा	◌ि	उ	म	द	व
च	ल	ष	र	व	ट	छ	आ	ल	स	◌्	ठ	ष	◌ि	ऊ	◌ा
च	ट	इ	ऊ	त	ए	भ	छ	प	◌्	स	ष	ग	ट	द	स
म	ऊ	न	थ	◌्	ख	प	उ	द	व	च	आ	ह	◌ा	र	◌्
ए	स	ण	◌ी	त	◌ा	भ	आ	◌ा	स	ध	च	थ	◌ि	भ	थ
ऊ	व	◌ा	घ	◌ा	द	द	ठ	र	◌्	र	ढ	फ	व	ञ	◌्
ए	ष	भ	ल	न	◌्	य	ण	◌्	थ	स	ध	द	ऊ	आ	य
ठ	ठ	द	श	◌े	य	ण	ए	थ	घ	प	◌ा	च	न	प	ब

कड़वा
भूख
संतुलित
कैलोरी
खाद्य
आहार
पाचन
किण्वन
स्वाद
तरल पदार्थ
पुष्टिकर
वजन
प्रोटीन
गुणवत्ता
चटनी
स्वास्थ्य
स्वस्थ
मसाले
विष
विटामिन

60 - Matematica

त	अ	आ	द	ठ	य	य	द	द	प	द	र	व	न	इ	ख
फ	ं	स	थ	श	ं	अ	ढ	इ	ण	ऊ	उ	फ	र	य	ल
ट	क	ध	फ	प	म	आ	य	त	न	घ	ठ	न	ढ	्	ल
ष	ग	आ	प	स	ल	ल	ख	न	य	ढ	म	ब	ह	उ	ग
म	ण	त	र	च	द	स	व	ज	भ	ु	ु	ह	ब	ट	ड
प	ि	ल	घ	ब	ल	य	म	भ	स	व	ट	ए	ड	ह	स
ए	त	य	आ	आ	द	ा	प	ा	उ	ञ	ट	ग	न	छ	च
य	श	ख	ध	ठ	ब	्	्	ि	न	ग	क	ो	ण	त	य
ड	ट	फ	ध	म	ञ	व	र	व	थ	ा	ड	य	र	ञ	ध
य	ा	ज	्	र	ि	्	त	ड	ख	ब	ं	ष	भ	आ	ड
ण	श	ल	ऊ	म	ठ	ध	ि	ि	र	प	थ	त	ण	ञ	ठ
य	प	ट	ल	व	त	ा	प	ू	र	म	स	च	र	ह	ग
न	ध	घ	श	द	भ	ी	ा	ठ	ड	न	श	ध	क	ए	घ
इ	म	म	प	च	उ	स	द	न	र	ग	इ	ल	ी	म	ड
द	ष	घ	भ	त	ठ	ण	क	ो	र	ि	्	त	म	थ	ब
ह	उ	ज	्	य	ा	म	ि	त	ि	ण	ण	म	स	ह	ट

कोण
अंकगणित
परिधि
दशमलव
व्यास
विभाजन
समीकरण
प्रतिपादक
अंश
ज्यामिति
समानांतर
सीधा
बहुभुज
वर्ग
त्रिज्या
आयत
समरूपता
योग
त्रिकोण
आयतन

61 - Meditazione

अ	ग	र	य	श	ब	ह	व	य	य	ञ	च	ख	ठ	घ	त
स	व	ण	स	द	इ	छ	भ	ग	ख	ध	ख	ह	छ	व	इ
द	ढ	ल	ण	च	ख	आ	म	ण	ण	म	ड	ए	ए	ऊ	आ
य	ण	द	◌ो	थ	उ	घ	स	व	च	फ	न	र	ए	न	ग
त	ञ	ढ	ट	क	उ	ब	ढ	म	न	◌ौ	म	स	आ	प	छ
◌ा	प	ञ	थ	आ	न	त	◌ि	क	◌ृ	व	◌ी	◌्	स	च	फ
ट	ब	ठ	व	स	ठ	◌ं	उ	स	त	ह	श	घ	व	ठ	ह
ष	ह	इ	च	न	य	◌ा	◌्	ध	ख	प	फ	भ	◌ा	ष	म
◌्	द	आ	न	ख	ऊ	श	उ	र	ड	ब	श	◌ा	◌्	ठ	ण
प	र	◌ि	प	◌्	र	◌े	क	◌्	ष	◌्	य	व	श	भ	इ
◌्	त	व	त	प	◌्	र	क	◌ृ	त	◌ि	श	न	व	त	ब
स	◌ि	प	ऊ	ग	द	य	◌ा	ल	◌ु	त	◌ा	◌ा	र	व	ऊ
स	◌ं	ग	◌ी	त	◌ा	ञ	ज	◌्	त	◌ृ	क	ए	च	ठ	ढ
व	◌ा	ध	ए	ड	ऊ	य	ग	छ	ड	ऊ	त	◌ँ	◌ा	ठ	स
आ	श	ए	ग	ब	थ	व	द	ग	म	◌ा	न	स	◌ि	क	ञ
ध	उ	ठ	ढ	थ	य	ट	व	य	श	ख	ढ	श	व	घ	थ

स्वीकृति
ध्यान
शांत
स्पष्टता
दया
भावनाएँ
दयालुता
कृतज्ञता
मानसिक
मन
गति
संगीत
प्रकृति
अवलोकन
शांति
विचार
आसन
परिप्रेक्ष्य
श्वास
मौन

62 - Elettricità

ह	च	र	ठ	फ	थ	ल	आ	ओ	◌ं	त	◌ु	◌्	स	व	न
ड	ह	उ	फ	न	भ	आ	स	इ	ग	छ	त	फ	क	ण	◌े
ड	व	श	ण	फ	थ	ट	ठ	स	ढ	ढ	च	घ	◌ा	त	ट
थ	ट	न	छ	व	ट	ध	◌े	श	च	आ	ग	फ	र	छ	व
ऊ	◌े	र	ए	र	इ	भ	स	ल	◌ी	ज	◌ि	ब	◌ा	र	र
ब	ल	ष	ध	ग	ब	व	द	र	◌ी	ट	◌ै	ब	त	भ	◌्
श	◌ी	म	उ	र	ब	ल	थ	व	ट	फ	य	ष	◌्	उ	क
छ	व	न	म	◌ी	ए	ध	◌्	ऊ	न	द	◌ो	ह	म	व	प
ण	◌ि	क	श	क	आ	ष	ऊ	ब	ज	ञ	घ	न	क	ऊ	◌ी
ध	ज	◌ा	र	◌ा	त	◌्	◌ा	म	न	श	म	ण	ड	थ	द
भ	न	र	म	ल	ऊ	भ	ढ	ण	क	उ	स	क	◌े	ब	ल
◌ं	ए	◌ा	च	◌ी	◌े	त	ल	छ	ब	य	◌ॉ	ब	ठ	फ	ल
ड	च	त	च	ज	फ	ज	ग	ष	ख	उ	क	◌ं	ह	ण	ब
◌ा	त	◌्	ड	◌ि	न	ण	र	क	प	उ	◌े	◌ु	त	ख	ए
र	ट	म	प	ब	स	त	◌ा	र	◌ो	◌ं	ट	च	र	र	आ
ण	उ	क	भ	ड	ह	ट	य	श	ब	फ	ञ	य	थ	व	त

उपकरण
बैटरी
केबल
भंडारण
बिजली कारीगर
बिजली
तारों
जनक
दीपक
बल्ब
लेजर
चुंबक
नकारात्मक
वस्तुओं
सकारात्मक
सॉकेट
मात्रा
नेटवर्क
टेलीफोन
टेलीविजन

63 - Antiquariato

फ	र	्	न	ी	च	र	व	घ	ञ	इ	छ	ा	श	ह	म
ए	व	ख	ब	ए	ठ	श	ि	थ	उ	म	ू	ल	्	य	ू
ल	त	व	स	ं	ो	क	श	द	ब	श	ख	क	न	न	र
ष	ग	प	फ	न	ड	थ	्	ल	श	ध	ै	ए	ठ	्	्
य	क	ण	त	ा	त	्	व	ण	ु	ग	ढ	ल	द	म	त
त	ी	े	फ	ण	त	द	स	ब	ह	ा	ल	ी	ी	ा	ि
न	म	ख	क	र	च	ए	न	ा	र	ा	ु	प	श	ा	क
ढ	त	श	ह	्	न	ट	ी	व	ा	ज	स	ध	व	स	ल
प	्	ह	आ	प	ि	च	य	द	ग	ै	ल	र	ी	अ	ा
स	र	व	ण	ू	ट	स	ण	ल	स	म	ड	भ	ऊ	ख	ब
ए	श	ह	द	च	ग	व	ख	ए	ग	म	ष	ख	च	फ	भ
श	ऊ	न	त	ि	ह	श	ण	ह	ऊ	ख	म	च	च	श	ऊ
ट	छ	ऊ	थ	र	ड	छ	ग	उ	ध	ञ	ए	आ	आ	ऊ	ए
आ	ह	उ	ञ	ु	घ	ट	ए	ण	य	ध	उ	य	आ	त	ष
भ	ल	फ	व	ु	ऊ	श	न	ि	व	े	श	ब	श	ख	य
श	च	ड	त	स	ढ	ष	ल	न	ी	ल	ा	म	ी	फ	त

कला
नीलामी
विश्वसनीय
शर्त
दशकों
सजावटी
सुरुचिपूर्ण
गैलरी
असामान्य
निवेश
फर्नीचर
सिक्के
कीमत
गुणवत्ता
बहाली
मूर्तिकला
सदी
शैली
मूल्य
पुराना

64 - Escursionismo

स	र	ज	घ	ढ	स	थ	ख	व	भ	श	ट	ट	च	प	श
ए	◌ू	छ	ल	ग	ऊ	ल	त	ड	◌ा	ढ	ध	द	ब	◌ा	◌ि
त	द	र	ऊ	व	ण	ठ	र	ट	र	व	ए	व	ल	र	ख
◌े	च	ड	◌्	घ	◌ा	छ	◌ो	प	◌ी	य	त	इ	द	◌्	र
◌ू	र	स	न	य	म	य	◌ं	ट	थ	श	थ	य	व	क	स
ज	◌ा	न	व	र	◌ो	◌ं	◌ु	द	छ	छ	व	इ	त	र	म
प	◌्	र	क	◌ृ	त	◌ि	ड	न	स	व	ष	श	◌ै	भ	◌्
र	च	ड	व	ध	व	ग	स	फ	य	ड	छ	ध	य	ए	म
ठ	म	च	प	◌ा	न	◌ी	ढ	श	◌ा	◌्	क	न	◌ा	थ	◌े
ठ	ह	ड	◌े	र	◌ा	ड	◌ा	ल	न	◌ा	छ	इ	र	क	ल
घ	फ	◌़	ण	थ	भ	इ	व	◌ी	◌्	ट	र	च	◌ी	ग	न
च	ल	◌ा	ऊ	◌्	ऊ	◌ा	ल	ग	व	श	◌ा	ब	ऊ	य	ड
च	ण	ह	च	त	ठ	ग	उ	◌ं	◌ि	द	प	◌्	अ	◌ा	श
ड	भ	प	थ	प	ठ	फ	न	ज	◌ि	ल	ए	ड	ट	श	इ
प	च	त	ए	ष	य	य	ल	ब	भ	ए	आ	प	ट	च	ध
य	ध	ट	ह	ऊ	ट	ल	ण	ब	अ	ए	श	प	य	आ	ष

पानी
जानवरों
डेरा डालना
जलवायु
गाइड
नक्शा
पहाड़
प्रकृति
अभिविन्यास
पार्क
खतरों
भारी
पत्थर
तैयारी
चट्टान
जंगली
सूर्य
थक गया
जूते
शिखर सम्मेलन

65 - Professioni #1

ढ	थ	न	ग	ध	ञ	उ	च	ढ	म	स	भ	स	म	थ	ब
त	द	◌ू	ज	◌ा	र	क	◌ा	र	त	◌्	च	◌ि	न	◌ा	म
प	◌ि	य	◌ा	न	◌ो	व	◌ा	द	क	र	◌ो	स	◌ो	ए	न
व	र	ठ	र	◌ौ	न	त	फ	न	न	न	क	◌ं	व	श	ल
प	ऊ	ल	औ	ञ	र	क	◌ं	◌ै	ब	ख	ब	ग	◌ै	ख	स
श	श	व	ष	◌ा	◌्	क	श	ण	थ	द	फ	◌ौ	ज	व	◌ा
◌ु	छ	र	ध	ज	त	भ	◌ा	◌ि	ढ	ए	ब	त	◌्	◌ै	ज
च	य	ढ	क	◌्	क	ए	◌ू	◌ा	क	ह	ड	क	ञ	ज	◌़
◌ि	म	ट	◌ा	व	◌ी	ए	ट	व	ल	◌ा	ड	◌ा	◌ा	◌्	म
क	ड	व	र	◌ि	च	ठ	छ	स	◌ि	क	र	र	न	ञ	थ
◌ि	त	थ	क	ल	द	च	ण	ट	ल	ज	त	◌ी	◌ि	◌ा	ण
त	प	थ	ब	◌ो	व	क	◌ी	ल	थ	ज	◌्	द	क	न	ऊ
◌्	इ	स	ऊ	ग	म	इ	ल	स	थ	◌ो	द	ञ	ल	◌ि	श
स	त	ऊ	इ	ख	ढ	स	र	ण	म	ह	आ	ग	◌ा	क	ऊ
क	ड	घ	स	◌ं	प	◌ा	द	क	ढ	र	श	ध	द	न	ए
त	भ	न	ष	ल	य	आ	ए	ड	ञ	◌ौ	इ	प	ग	ग	◌ी

कोच
राजदूत
कलाकार
खगोल विज्ञानी
वकील
नर्तकी
बैंकर
शिकारी
मानचित्रकार
संपादक
औषधकारक
भूविज्ञानी
जौहरी
नलसाज़
नर्स
संगीतकार
पियानोवादक
मनोवैज्ञानिक
वैज्ञानिक
पशु चिकित्सक

66 - Antartide

प	फ	ख	ठ	ह	र	इ	प	श	ह	ठ	ण	फ	ग	व	ऊ
स	◌्	ह	द	र	ष	ढ	◌्	◌ो	म	ट	उ	द	ख	◌ै	ग
◌्	र	र	आ	य	ए	ढ	र	ध	◌ू	ष	ण	व	छ	ज	स
थ	ब	ण	◌ा	न	त	ब	व	क	स	म	ष	◌्	ध	◌्	ञ
ल	स	ब	ठ	य	ढ	र	◌ा	र	प	स	क	ह	ण	ञ	ढ
◌ा	ए	प	ठ	ञ	द	ब	स	◌्	व	थ	◌्	◌े	ड	◌ा	अ
क	थ	स	ठ	उ	न	◌्	◌े	त	◌ी	त	र	ल	र	न	भ
◌ृ	ह	फ	व	ऊ	म	थ	व	◌ा	◌्	छ	◌ं	◌ी	म	◌ि	◌ि
त	ल	ग	प	ञ	◌ि	ब	च	◌ी	द	य	स	ल	ल	क	य
◌ि	ध	र	छ	व	ह	प	ण	च	प	ऊ	ख	ह	द	◌ा	◌ा
ण	ण	ट	ष	ड	प	र	◌्	य	◌ा	व	र	ण	◌ा	श	न
ख	न	◌ि	ज	म	ह	◌ा	द	◌्	व	◌ी	प	ट	ब	छ	म
ड	ह	य	फ	द	प	ञ	न	थ	ख	ण	म	ऊ	थ	आ	◌ा
फ	ए	भ	ब	ख	◌ा	स	इ	भ	◌ू	ग	◌ो	ल	प	ट	प
ढ	ढ	य	ध	स	न	ऊ	छ	थ	ग	स	त	ध	ठ	भ	◌ा
द	ढ	ख	ठ	ब	◌ी	श	ब	इ	ब	ढ	ल	ल	प	ऊ	त

पानी
पर्यावरण
बे
व्हेल
संरक्षण
महाद्वीप
भूगोल
हिमनद
बर्फ
द्वीप समूह

प्रवास
खनिज
बादल
प्रायद्वीप
शोधकर्ता
पथरीला
वैज्ञानिक
अभियान
तापमान
स्थलाकृति

67 - Libri

ट	क	व	उ	उ	भ	ऐ	ठ	क	उ	र	द	ट	स	द	म
त	थ	प	उ	घ	आ	भ	त	य	ल	ञ	र	भ	ा	्	ब
त	ा	ि	व	क	भ	ह	ख	ि	ऊ	ं	व	ण	ह	व	द
ड	व	ग	ध	भ	व	इ	ि	त	ह	ल	ख	ट	स	ं	व
च	ा	ब	भ	न	द	ख	ि	्	व	ा	ठ	क	ि	द	प
ह	च	ब	ग	उ	द	श	ल	ह	ह	ख	स	घ	क	्	्
उ	क	व	ि	न	ो	द	ी	ि	उ	ं	ष	ि	न	व	र
घ	प	भ	र	्	द	ं	स	ा	द	ृ	ह	ष	क	ढ	ा
ग	प	न	आ	ड	ु	य	ब	स	न	श	प	त	ठ	ढ	स
फ	ड	ञ	्	ण	ख	ढ	श	छ	ए	ञ	ख	व	ा	व	ं
ञ	ण	ब	म	य	द	ध	ट	ब	ब	फ	उ	उ	प	र	ग
ल	र	ठ	न	ी	ा	ह	क	ए	ख	त	म	स	स	ठ	ि
स	ं	ग	्	र	ह	स	म	ह	ा	क	ा	व	्	य	क
ष	छ	घ	ए	ड	आ	व	ि	ष	्	क	ा	र	श	ी	ल
प	ृ	ष	्	ठ	थ	छ	फ	ह	म	फ	ए	प	भ	स	ड
य	थ	ठ	ह	व	ठ	छ	घ	आ	ख	ख	ब	ख	ऊ	ल	य

लेखक
साहसिक
संग्रह
संदर्भ
द्वंद्व
महाकाव्य
आविष्कारशील
साहित्यिक
पाठक
कथावाचक
पृष्ठ
कविता
प्रासंगिक
उपन्यास
लिखित
शृंखला
कहानी
ऐतिहासिक
दुखद
विनोदी

68 - Geografia

स	ठ	ठ	ब	र	ए	ब	ष	ऊ	ण	ड	ञ	प	द	भ	म
ख	ष	न	ष	इ	छ	स	च	इ	ण	ष	घ	व	ध	थ	ध
स	ए	ह	ए	फ	ट	ख	त	ण	ए	य	◌ि	◌ी	द	न	◌्
घ	घ	स	र	स	आ	ञ	ग	◌ो	ल	◌ा	र	◌्	ध	प	य
ल	उ	य	ऊ	च	त	द	म	ण	ण	न	ग	द	क	ष	◌ा
अ	क	◌्	ष	◌ा	◌ं	श	◌े	भ	ञ	◌ि	◌ा	ध	ग	द	ह
द	◌े	श	◌ा	न	◌्	त	र	श	प	◌ु	स	म	म	ह	◌्
ए	प	ल	र	ग	फ	स	त	व	ण	द	स	न	ड	घ	न
ट	य	श	त	थ	त	च	◌्	ग	ढ	इ	र	क	◌़	र	य
ल	स	य	◌्	द	इ	इ	त	प	व	◌ी	द	◌्	◌ा	ह	म
स	ऊ	ब	ष	च	ढ	भ	उ	ह	इ	च	◌्	श	ह	श	भ
घ	◌ं	भ	◌े	ब	◌ि	प	थ	ड	य	ऊ	◌ु	◌ा	प	भ	ह
ढ	च	आ	◌्	ट	य	म	स	य	ष	ह	म	ष	र	म	इ
प	◌ा	ञ	क	ण	आ	ठ	उ	य	ण	ध	स	य	द	ठ	ञ
फ	ई	छ	स	प	थ	च	ष	आ	ध	ष	थ	य	म	घ	च
त	ग	ए	ध	द	ड	छ	ब	फ	म	म	इ	फ	ग	छ	च

ऊंचाई
एटलस
शहर
महाद्वीप
गोलार्ध
नदी
द्वीप
अक्षांश
देशान्तर
नक्शा
समुद्र
मध्याह्न
दुनिया
पहाड़
उत्तर
सागर
पश्चिम
देश
दक्षिण
क्षेत्र

69 - Cibo #1

घ	ख	ट	च	द	न	थ	थ	ण	ब	य	ए	ल	उ	व	ञ
ड	थ	न	म	क	◌ी	र	ण	घ	ब	ऊ	ए	ह	स	ब	ञ
प	र	ह	ड	न	◌ं	इ	प	ह	द	◌ा	ल	च	◌ी	न	◌ी
ञ	◌ु	छ	य	ए	ब	म	ट	न	प	ह	ष	ठ	ल	◌ु	श
म	ब	द	र	य	◌ू	ज	◌ौ	न	व	र	ए	उ	◌ु	स	छ
घ	फ	थ	◌ी	ह	ण	ल	ष	ह	ट	◌ू	न	◌ा	त	ह	उ
श	ढ	च	ब	न	इ	श	न	◌ा	श	प	◌ा	त	◌ी	ल	ह
स	उ	ढ	◌े	फ	◌ा	ल	फ	ए	य	ट	ष	व	फ	म	ञ
आ	ए	ब	र	ज	◌ा	ग	द	◌ू	ध	ञ	ट	ऊ	ऊ	उ	छ
ह	ठ	र	◌ॉ	फ	इ	प	ढ	न	ध	आ	ढ	उ	घ	स	आ
ब	ऊ	च	ट	श	क	◌्	भ	ग	द	घ	भ	ऊ	ब	ष	ऊ
ण	ठ	◌ी	◌्	स	◌े	य	ऊ	उ	फ	ऊ	ट	व	उ	ग	ग
च	ष	न	◌्	प	क	◌ा	ध	ढ	ब	स	◌ं	◌ा	म	ए	ह
र	ए	◌ी	स	श	◌ा	ज	ञ	ग	ऊ	र	ल	ऊ	ल	आ	उ
थ	इ	भ	ष	ठ	श	ल	ख	ढ	थ	र	ठ	◌ा	र	स	प
द	ण	ए	श	फ	च	छ	क	ल	ट	ग	ऊ	फ	द	ग	ख

लहसुन
तुलसी
दालचीनी
मांस
गाजर
प्याज
स्ट्रॉबेरी
सलाद
दूध
नींबू
पुदीना
जौ
नाशपाती
शलजम
नमक
पालक
रस
टूना
केक
चीनी

70 - Etica

द	र	भ	त	ड	ब	द	य	ख	अ	ख	◌ं	ड	त	◌ा	ह
य	उ	च	◌ि	त	उ	व	र	◌ौ	ग	क	उ	न	म	आ	उ
◌ा	भ	य	ऊ	ग	स	◌ा	उ	◌्	प	य	व	◌ि	न	◌ी	त
ल	स	ड	घ	थ	व	थ	त	ऊ	श	◌ि	ध	ह	◌ा	थ	◌ा
◌ु	श	थ	ऊ	ष	ब	र	श	भ	आ	न	◌ा	म	त	श	ल
त	व	इ	ट	घ	भ	◌्	थ	म	भ	ज	ञ	थ	◌े	उ	◌ौ
◌ा	भ	ष	व	थ	द	◌ा	स	न	न	◌ा	य	आ	च	श	श
द	ख	र	भ	द	ठ	थ	य	ढ	ऊ	र	श	श	त	र	न
स	ह	य	◌ो	ग	य	य	य	श	ढ	इ	प	◌ा	ट	ग	ह
ञ	ण	न	ञ	ल	भ	◌ा	त	व	आ	भ	व	व	च	भ	स
ध	आ	न	ञ	फ	च	ड	◌ा	त	ऊ	द	स	◌ा	ठ	ढ	घ
व	◌्	य	क	◌्	त	◌ि	व	◌ा	द	फ	य	द	छ	ख	न
र	प	न	र	ई	म	◌ा	न	द	◌ा	र	◌ी	न	ढ	ड	ह
च	प	ष	म	◌्	फ	त	◌ा	र	◌ि	क	◌ा	प	◌ो	र	प
फ	इ	द	ए	ह	◌ै	ल	म	श	व	छ	च	च	त	ब	ड
प	श	प	न	स	ल	ध	◌ि	द	◌्	◌ु	ब	प	घ	ध	ख

परोपकारिता
दया
सहयोग
गौरव
राजनयिक
दर्शन
दयालुता
व्यक्तिवाद
अखंडता
ईमानदारी
आशावाद
धैर्य
उचित
चेतना
यथार्थवाद
विनीत
बुद्धि
सहनशीलता
मानवता
मान

71 - Aeroplani

द	इ	घ	व	छ	इ	ञ	इ	द	र	ट	इ	न	ध	◌ं	ई
ग	व	◌ं	श	घ	ध	इ	◌ं	व	◌ि	श	प	◌े	स	अ	व
म	◌ु	प	◌ा	य	ल	ट	ज	◌ा	ख	श	ड	व	ऊ	श	छ
ह	ब	ब	व	◌ा	य	◌ु	न	य	ट	श	◌ा	◌ि	◌ं	◌ा	म
ग	◌ा	ड	◌्	ष	इ	द	ल	◌ु	ब	ए	ञ	ग	च	◌ं	ड
ठ	य	इ	त	ब	ग	ए	ए	म	त	श	च	◌े	◌ा	त	ग
र	त	ऊ	ड	र	◌ा	न	व	◌ं	स	व	त	ट	ई	◌ि	उ
ण	ग	य	द	◌्	ण	र	य	ड	◌ा	य	◌ा	त	◌्	र	◌ी
ह	न	ब	ण	ब	र	श	◌ा	ल	ह	इ	त	◌ि	ह	◌ा	स
र	उ	ल	ब	च	त	◌ो	म	ह	स	ल	प	र	त	ट	ड
ञ	ल	आ	ख	ख	न	इ	ज	◌ा	◌ि	ड	क	◌्	र	◌ू	ध
न	◌ि	र	◌्	म	◌ा	ण	ख	न	क	न	ल	ध	ब	ठ	च
आ	प	इ	फ	ह	ष	र	इ	आ	क	◌ा	श	ञ	ट	ष	इ
ञ	त	ण	द	द	छ	त	ठ	श	ल	स	छ	प	ढ	त	श
प	ठ	ऊ	ह	ध	ग	व	प	ण	इ	र	द	ण	आ	ट	ढ
ड	इ	छ	थ	ख	य	अ	श	ऊ	उ	ष	च	ड	इ	आ	ल

ऊंचाइ
वायु
वायुमंडल
अवतरण
साहसिक
ईंधन
आकाश
निर्माण
डिजाइन
दिशा
वंश
क्रू
हाइड्रोजन
इंजन
नेविगेट
गुब्बारा
यात्री
पायलट
इतिहास
अशांति

72 - Governo

क	य	ि	य	ा	्	न	य	थ	व	आ	फ	र	ड	स	स
ा	ज	र	ड	भ	र	र	ह	ण	ग	ड	व	म	व	ं	म
न	्	ा	न	ज	ल	स	ष	श	ध	ट	भ	श	ल	व	ा
ू	ा	ष	ब	श	ि	न	ा	ग	र	ि	क	त	ा	ि	न
न	र	्	स	ख	ष	ल	ए	ग	थ	र	र	ण	इ	ध	त
र	ठ	ट	्	श	ध	म	ा	ढ	घ	फ	म	ण	ए	ा	ा
ट	ध	्	व	ट	ड	ञ	द	न	ट	स	ा	ह	ऊ	न	म
ष	घ	र	त	च	र	्	च	ा	े	प	्	र	त	ी	क
ऊ	ढ	ी	ं	न	्	य	ा	य	ब	त	स	उ	य	ढ	ष
ड	ऊ	य	त	र	ा	ज	न	ी	त	ि	ा	म	आ	ए	भ
श	ठ	ह	्	ब	उ	म	ष	स	ि	व	ि	ल	त	य	ा
थ	प	ग	र	त	्	त	ं	क	ो	ल	ट	ष	य	उ	ष
च	ढ	घ	त	र	ा	ष	्	ट	्	र	य	य	त	य	ण
ख	ण	थ	ा	छ	ऊ	ग	भ	श	घ	उ	न	स	स	ष	र
घ	इ	ह	उ	छ	त	म	ख	य	ढ	न	त	थ	ट	ख	ल
आ	ज	ा	द	ी	द	म	ख	व	उ	भ	ठ	भ	ग	आ	ह

नेता
नागरिकता
सिविल
संविधान
लोकतंत्र
भाषण
चर्चा
न्यायिक
न्याय
आजादी
कानून
स्वतंत्रता
स्मारक
राष्ट्रीय
राष्ट्र
राजनीति
जिला
प्रतीक
राज्य
समानता

73 - Bellezza

म	◌े	क	अ	प	ढ	आ	ष	उ	ट	ञ	ठ	आ	र	त	द
स	उ	च	ऊ	न	ठ	ढ	ञ	फ	ब	ह	थ	स	द	ग	ड
ञ	◌्	त	ण	आ	ऊ	ध	च	फ	ब	उ	ञ	ह	र	ढ	ध
ढ	आ	ट	◌्	श	◌ै	म	◌्	प	◌ू	च	◌ा	व	◌्	त	च
च	क	स	◌ा	प	◌ा	◌ृ	क	ष	श	ख	व	य	प	छ	◌ी
◌ि	र	◌ु	क	इ	◌ा	उ	य	म	◌ु	ञ	◌ा	ख	ण	ग	◌ं
क	◌्	र	◌ा	ख	ल	द	ण	म	ख	ड	◌े	ल	ब	य	◌ै
न	ष	◌ु	ज	ब	◌े	◌ि	◌ो	ल	◌ि	प	स	◌्	ट	◌ि	क
◌ा	ण	च	ल	उ	त	ऊ	स	◌ं	र	आ	आ	र	उ	ह	न
य	थ	◌ि	ब	थ	ब	भ	म	◌्	छ	◌ं	आ	क	ण	ग	◌ि
न	ध	प	ध	ध	ल	च	उ	र	ट	ह	ग	ण	ड	ल	ज
घ	ड	◌ू	व	श	ब	भ	स	ब	ग	ग	ए	ञ	ह	न	◌े
ब	ण	र	ल	ल	आ	ठ	ग	म	थ	य	म	य	ह	उ	ट
य	त	◌्	ल	◌ि	◌ा	ल	ठ	ख	ल	ण	म	इ	स	ण	◌ो
छ	ब	ण	ण	आ	ए	म	ञ	न	ल	ध	फ	ऊ	ण	ऊ	◌ो
ऊ	श	र	म	ल	फ	न	इ	त	ध	च	ऊ	ढ	फ	घ	फ

रंग
सुरुचिपूर्ण
लालित्य
आकर्षण
कैंची
फोटोजेनिक
खुशबू
कृपा
चिकना
काजल
तेल
त्वचा
उत्पादों
कर्ल
लिपस्टिक
सेवा
शैम्पू
दर्पण
स्टाइलिस्ट
मेकअप

74 - Avventura

घ	र	स	थ	ञ	स	ल	ए	म	फ	ह	अ	म	प	ग	स
ञ	ब	ढ	स	उ	◌ु	ह	ऊ	आ	य	इ	स	घ	थ	त	ष
ञ	र	ष	ण	म	र	◌्	भ	अ	उ	ह	◌ा	उ	प	◌ि	द
ख	प	ष	उ	ऊ	क	ट	ह	व	ढ	ठ	म	त	◌्	व	ट
म	त	◌्	थ	ह	◌्	भ	ड	स	भ	स	◌ा	◌्	र	◌ि	आ
म	ग	र	र	थ	ष	य	भ	र	स	इ	न	स	द	ध	ठ
म	◌ौ	ह	न	क	◌ा	य	न	ल	ल	ड	◌्	◌ा	र	◌ि	श
ए	थ	क	घ	◌ा	◌ृ	ख	ल	ष	त	भ	य	ह	◌्	ट	श
ग	ख	ठ	◌ा	ण	क	त	◌ा	र	द	◌ं	◌ु	स	श	प	ख
◌ं	ढ	य	भ	म	थ	◌ो	◌ि	र	र	ञ	च	श	न	ए	थ
त	घ	घ	इ	ड	श	◌ं	त	◌ै	य	◌ा	र	◌ी	द	द	प
व	प	व	व	आ	य	स	क	ठ	◌ि	न	◌ा	ई	ष	घ	म
◌्	स	ख	ह	ग	म	◌्	य	◌ा	त	◌्	र	◌ा	न	च	ठ
य	प	ए	न	र	ण	◌ो	च	◌ु	न	◌ौ	त	◌ि	य	◌ो	◌ं
ए	फ	ध	च	घ	न	द	ञ	ढ	ल	ध	प	च	ञ	व	ह
ट	ल	थ	र	श	ठ	ट	भ	भ	थ	व	◌ौ	र	त	◌ा	ढ

दोस्तों
गतिविधि
सुंदरता
मौका
वीरता
गंतव्य
कठिनाई
उत्साह
भ्रमण
हर्ष
असामान्य
प्रकृति
पथ प्रदर्शन
नया
अवसर
खतरनाक
तैयारी
चुनौतियों
सुरक्षा
यात्रा

75 - Oceano

ठ	म	उ	ठ	प	य	र	श	उ	ख	ड	ट	व	◌ा	न	ध
ट	छ	ल	ठ	ड	ल	स	म	प	ञ	त	ख	◌्	ड	न	त
ऊ	ल	ञ	ढ	य	ब	ष	ण	त	ज	न	द	ह	◌ॉ	ब	ष
द	◌ौ	ग	थ	प	स	प	ट	◌ो	◌्	क	ऑ	◌े	ल	ल	ष
स	ध	ए	थ	थ	ध	◌ी	◌ं	आ	व	ढ	म	ल	◌्	क	य
फ	भ	ग	व	श	घ	स	च	स	◌ा	श	ख	न	फ	छ	ल
ट	◌ू	न	◌ा	इ	ल	ट	ऊ	प	र	द	त	ट	◌ि	◌ु	व
स	प	य	स	स	ह	य	ञ	ण	म	ण	ध	◌ा	न	आ	ध
त	ध	ग	ज	ग	र	थ	ऊ	ण	ञ	ठ	इ	◌्	न	व	ल
फ	इ	स	थ	प	◌े	ण	ट	आ	ठ	घ	न	ट	च	ञ	थ
झ	र	आ	व	फ	◌ं	ह	ब	फ	च	य	ध	च	इ	म	व
◌ी	श	◌ा	र	◌्	क	◌्	छ	ष	व	ल	म	ञ	र	श	ब
◌ं	श	◌ै	व	◌ा	ल	व	स	इ	श	ठ	ब	◌ू	ख	ब	न
ग	ज	◌े	ल	◌ि	फ	◌़	◌ि	श	न	ठ	ण	ग	◌ं	ञ	ण
◌ा	क	◌े	क	ड	◌़	◌ा	र	ए	ट	ड	उ	द	ऊ	ग	ल
आ	ञ	आ	उ	ठ	ठ	भ	स	न	व	स	छ	व	ए	ष	◌ा

शैवाल
व्हेल
नाव
मूंगा
डॉल्फिन
झींगा
केकड़ा
ज्वार
जेलिफ़िश
लहरें

सीप
मछली
ऑक्टोपस
नमक
चट्टान
स्पंज
शार्क
कछुआ
आंधी
टूना

76 - Famiglia

न	ल	ढ	व	प	ञ	ब	च	ख	ऊ	उ	ब	ट	ब	ढ	ऊ
ब	ऊ	ऊ	र	◌ो	ध	य	च	म	द	इ	ञ	छ	च	ब	भ
च	च	ञ	◌ि	त	प	ठ	◌े	◌ा	म	ज	व	र	◌्	◌ू	प
◌ा	इ	प	द	◌ा	◌ा	द	र	◌ं	ख	◌ा	ण	प	च	फ	ब
च	ह	ए	न	भ	ठ	भ	◌ा	ट	ध	◌ी	त	ध	◌ा	ए	ख
◌ी	ख	ढ	थ	ऊ	◌ा	आ	भ	ए	घ	त	ट	◌ृ	ए	म	य
ब	ध	व	भ	उ	घ	ई	◌ा	ध	ध	भ	ण	ञ	ल	प	थ
भ	ध	ग	ध	र	घ	ञ	ई	म	आ	च	द	ण	आ	ठ	य
ऊ	घ	र	घ	व	प	◌ै	त	◌ृ	क	द	र	ग	छ	ठ	त
व	ब	ञ	ग	ड	ख	ब	ब	◌ी	व	◌ी	च	म	ञ	ड	द
थ	उ	ड	ध	म	ड	◌े	ठ	ठ	ह	◌ा	ग	ध	ञ	उ	ड
ए	घ	प	च	म	ष	ट	ण	स	र	द	व	व	श	ग	म
ख	ण	च	◌ा	द	ढ	◌ी	उ	थ	त	ड	त	ष	भ	त	र
प	◌ि	त	◌ा	फ	ट	त	ऊ	द	म	ठ	न	ढ	थ	ञ	च
ब	च	◌्	च	◌े	श	घ	ष	स	त	ष	म	ठ	य	ध	म
द	ब	च	ब	ह	न	घ	व	भ	भ	ढ	ब	इ	ढ	ध	घ

पूर्वज
बच्चे
बच्चा
चचेरा भाई
बेटी
भाई
बचपन
मां
पति
मातृ
बीवी
भतीजा
पोता
दादी
दादा
पिता
पैतृक
बहन
चाची
चाचा

77 - Creatività

ण	क	फ	स	ह	ज	ब	◌ो	ध	न	ञ	ध	ट	ञ	आ	घ
ह	ठ	ल	च	इ	ह	ए	य	इ	◌ा	छ	ण	स	इ	व	द
ख	ब	थ	◌्	प	स	ए	ए	ण	ट	स	व	ध	श	◌ि	ह
प	ह	आ	ठ	प	◌ी	फ	आ	क	क	ब	ध	◌ि	द	ष	ण
ड	य	ट	ष	ध	न	ण	प	◌ौ	◌ी	छ	◌ा	प	प	◌्	प
म	स	थ	ष	स	स	◌ा	आ	श	य	फ	घ	ए	◌्	क	ज
द	र	◌्	श	न	न	र	छ	ल	स	त	त	ट	र	◌ा	◌ी
ढ	भ	थ	द	ग	स	र	◌ो	◌ं	च	◌ा	◌ि	व	◌ा	र	व
द	इ	◌ा	व	त	भ	◌े	ध	म	ह	ट	ल	उ	म	श	न
श	त	ध	व	आ	आ	◌्	भ	फ	छ	ष	य	छ	◌ा	◌ी	श
ख	◌ा	ण	उ	न	ए	प	त	ग	ढ	◌्	ल	घ	ण	ल	क
त	र	ल	त	◌ा	◌ा	त	ल	ड	च	प	ठ	ट	◌ि	च	◌्
छ	व	म	ट	ख	फ	ए	क	म	त	◌्	◌ा	ल	क	ढ	त
ल	◌्	ब	ठ	च	ष	ट	◌ॅ	भ	ठ	स	ब	थ	त	च	◌ि
ख	◌ी	अ	भ	◌ि	व	◌्	य	क	◌्	त	◌ि	त	◌ा	न	भ
ण	त	त	त	ल	थ	ख	ब	ञ	आ	व	न	ट	प	प	म

कौशल
कलात्मक
प्रामाणिकता
स्पष्टता
नाटकीय
भावनाएँ
अभिव्यक्ति
तरलता
विचारों
कल्पना
छवि
छाप
तीव्रता
सहज बोध
आविष्कारशील
प्रेरणा
सनसनी
सहज
दर्शन
जीवन शक्ति

78 - Veicoli

भ	ह	च	द	र	प	ह	◌े	ल	◌ी	क	◌ॉ	प	◌्	ट	र
◌ू	क	र	◌्	ट	न	र	उ	ण	ख	स	भ	ऊ	स	ण	ट
म	◌ा	र	घ	इ	ड	◌ा	◌ो	र	◌ॉ	क	◌े	ट	◌्	द	क
◌ि	र	ट	◌ो	म	◌ु	क	थ	ग	ब	ब	व	ब	क	ब	◌्
ग	व	ञ	ह	ठ	ब	ध	घ	ब	◌ी	◌े	य	म	◌ू	च	र
त	◌ा	थ	र	ध	◌्	फ	त	छ	ए	व	ड	इ	ट	आ	◌ै
म	◌ं	भ	श	ख	ब	ध	स	ह	ठ	ञ	◌ा	◌़	र	इ	◌्
◌ा	ह	ह	ए	स	◌ी	स	◌ा	इ	क	◌ि	ल	ह	◌ा	स	ट
र	स	ट	ञ	ग	य	य	ट	न	प	न	र	य	न	थ	भ
◌्	इ	फ	भ	म	फ	न	ठ	म	र	◌ौ	त	थ	म	थ	श
ग	च	घ	भ	ब	ठ	उ	श	न	ब	क	छ	म	◌ा	व	य
न	◌ा	व	ह	स	◌ी	क	◌्	◌ै	ट	◌ा	म	म	◌ि	फ	ऊ
म	इ	ष	उ	र	य	थ	च	ऊ	इ	भ	य	द	व	च	ध
ध	त	र	ख	य	ब	छ	त	इ	श	म	ट	उ	ठ	त	ए
फ	इ	ल	ण	ल	र	ढ	व	ख	ए	आ	ण	ढ	छ	ध	ए
ट	◌ा	य	र	ग	ऊ	ट	ब	ड	घ	र	ट	◌्	र	◌े	न

विमान
रोगी वाहन
कार
बस
नाव
साइकिल
ट्रक
कारवां
हेलीकॉप्टर
भूमिगत मार्ग

मोटर
टायर
रॉकेट
स्कूटर
पनडुब्बी
टैक्सी
नौका
ट्रैक्टर
ट्रेन
बेड़ा

79 - Natura

प	ढ	न	प	ण	अ	आ	च	ड	य	द	फ	स	र	न	भ
ह	घ	आ	भ	र	ठ	भ	ज	◌ं	ग	ल	◌ी	◌ु	भ	ञ	व
ठ	य	ध	ड	◌्	फ	छ	य	ख	ध	स	श	◌ं	य	फ	ए
श	ध	प	घ	प	ड	घ	व	◌ा	ख	थ	ल	द	न	ह	ब
ऊ	घ	ख	फ	◌ू	◌़	त	ख	ढ	र	छ	न	र	व	द	ख
ब	न	ध	च	व	◌ो	त	घ	इ	ट	ण	ठ	त	न	ण	◌ी
ढ	थ	ल	ष	◌्	◌ं	च	ग	ऊ	त	ष	◌्	◌ा	ह	ल	इ
ठ	आ	ल	न	त	◌ा	स	◌्	ग	ि◌	◌े	र	य	उ	ऊ	थ
त	न	उ	ञ	ह	ह	आ	ल	म	र	◌्	ि◌	न	प	ख	घ
ठ	च	फ	ण	म	प	श	◌े	न	ण	फ	श	ट	उ	ट	ऊ
ब	◌ा	द	ल	म	भ	◌्	श	व	ण	ब	फ	इ	इ	म	भ
प	द	व	श	ठ	भ	र	ि◌	ज	◌ा	न	व	र	◌ो	◌ं	च
ग	त	ि◌	श	◌ी	ल	य	य	ढ	क	ट	ि◌	क	◌्	र	आ
द	ण	म	छ	प	ठ	ग	र	◌ा	ह	◌ो	क	प	च	द	ष
म	ध	◌ु	म	क	◌्	ख	ि◌	य	◌ो	◌ं	प	त	◌्	त	◌े
उ	ष	◌्	ण	क	ट	ि◌	ब	◌ं	ध	◌ी	य	आ	श	ह	ठ

जानवरों
मधुमक्खियों
आर्कटिक
सुंदरता
रेगिस्तान
गतिशील
कटाव
नदी
पत्ते
वन

ग्लेशियर
पहाड़ों
कोहरा
बादल
आश्रय
अभयारण्य
जंगली
निर्मल
उष्णकटिबंधीय
महत्वपूर्ण

80 - Balletto

घ	य	श	त	◌ा	ल	◌े	◌ै	ब	ख	छ	ञ	भ	ह	ल	घ
ऊ	ठ	◌ै	न	र	◌्	त	क	◌ि	य	◌ो	◌ं	ण	ग	च	ग
छ	आ	ल	◌ा	क	य	त	◌्	◌ृ	न	इ	स	य	र	न	ष
स	न	◌ी	ग	म	स	ग	श	म	व	इ	श	◌ू	ए	ख	अ
ऊ	प	फ	म	त	ब	◌ौ	श	ध	◌ा	ग	ट	◌ा	च	च	भ
स	ढ	ए	ठ	◌्	ग	◌ं	व	घ	ह	न	य	ख	र	क	◌्
क	◌ं	ग	ग	◌ा	स	स	ल	स	व	ण	◌ो	ढ	◌ा	◌ा	य
◌ौ	ह	ग	क	ल	र	र	स	छ	◌ा	ण	◌ं	ढ	ट	ह	◌ा
श	घ	च	◌ी	क	श	◌्	र	द	ह	प	श	ग	◌्	ब	स
ल	न	ष	न	त	ष	इ	◌्	श	◌ी	फ	◌ि	व	स	थ	आ
भ	ण	न	क	ए	क	घ	ह	ड	घ	इ	प	ए	◌्	ण	म
आ	ऊ	उ	त	ट	र	◌ा	◌ि	स	च	इ	◌े	उ	क	ण	स
त	◌ी	व	◌्	र	त	◌ा	र	द	◌ं	◌ु	स	ब	◌े	ग	फ
आ	ख	इ	ट	स	व	आ	ठ	ग	उ	प	◌ं	ऊ	◌्	द	ए
द	इ	ड	श	आ	ष	थ	च	त	छ	द	◌ा	इ	र	श	य
ल	भ	र	ट	न	श	न	स	ड	य	च	म	इ	ऑ	इ	उ

कौशल
वाहवाही
कलात्मक
बैले
नर्तकियों
संगीतकार
नृत्यकला
सूचक
इशारा
सुंदर

तीव्रता
मांसपेशियों
संगीत
ऑर्केस्ट्रा
अभ्यास
रिहर्सल
दर्शक
ताल
शैली
तकनीक

81 - Paesi #1

म	य	स	ल	इ	◌ा	र	ज	इ	ब	त	ग	ब	आ	क	ज
◌ो	उ	◌्	◌ी	स	य	य	ल	उ	द	◌्	त	इ	भ	न	र
र	ढ	प	ब	ब	◌े	◌ा	ख	द	ए	घ	र	य	ह	◌ा	◌्
क	म	◌े	ि◌	ण	ऊ	न	फ	ख	च	आ	◌ा	◌ा	त	ड	म
◌्	◌ा	न	य	इ	घ	ि◌	◌े	च	ट	ब	भ	ड	ज़	◌ा	न
क	◌ा	र	◌ा	ञ	म	म	य	ग	ड	ल	ट	ि◌	न	◌ी	◌ी
◌ो	न	स	इ	घ	न	◌ा	ब	ल	ल	ञ	घ	ब	ध	ल	ल
ष	प	◌्	ध	छ	ह	◌ो	च	ठ	◌ी	आ	प	◌ो	इ	घ	◌ा
आ	ण	ि◌	ठ	फ	त	र	ह	ऊ	◌ा	छ	ग	◌ं	इ	द	ए
न	श	म	न	◌ा	त	य	ि◌	व	म	म	ल	क	उ	ञ	ज
श	म	ष	आ	ढ	ड	न	◌ॉ	र	◌्	व	◌े	य	म	फ	◌़
य	इ	व	आ	य	थ	इ	प	◌ो	ल	◌ै	◌ं	ड	ट	फ	◌ु
ह	श	म	र	ए	च	ह	भ	छ	इ	ह	ण	र	श	ह	न
थ	म	व	ए	न	ञ	स	ब	म	ब	र	च	प	छ	ट	◌े
ढ	द	ग	इ	स	प	इ	र	प	द	त	भ	उ	उ	उ	◌े
फ	ि◌	न	ल	◌ै	◌ं	ड	भ	न	प	द	उ	ड	भ	ष	व

ब्राज़ील
कंबोडिया
कनाडा
मिस्र
फिनलैंड
जर्मनी
भारत
इराक
इजराइल
लीबिया
माली
मोरक्को
नॉर्वे
पनामा
पोलैंड
रोमानिया
सेनेगल
स्पेन
वेनेजुएला
वियतनाम

82 - Geometria

थ	त	श	स	भ	ध	ब	य	ढ	प	ण	ठ	ष	ण	आ	ञ
व	ध	द	ण	ष	ढ	ल	र	ब	ड	छ	त	क	छ	प	द
द	ञ	ह	ढ	घ	द	घ	उ	ख	इ	र	र	स	◌ो	ड	ट
ण	र	क	◌ी	म	स	य	भ	म	ड	थ	◌्	य	त	ण	ग
ष	म	त	ध	◌ा	◌ं	द	◌्	◌ि	स	र	क	◌ा	त	ह	म
ग	ण	न	◌ा	ध	स	म	र	◌ू	प	त	◌ा	◌्	◌्	घ	भ
घ	म	घ	◌़	◌्	ऊ	◌ं	च	◌ा	ई	न	र	व	◌ृ	र	स
स	व	त	ड	य	त	ड	ठ	भ	श	◌ा	ध	ए	व	ध	ड
श	स	भ	ख	◌ा	प	◌्	आ	ज	आ	◌ं	श	भ	प	ल	ञ
ह	छ	आ	च	ख	◌ा	न	र	त	ड	◌ा	उ	भ	फ	स	इ
ह	ण	त	ध	◌्	◌ु	व	र	◌ि	द	म	ञ	ऊ	त	ऊ	थ
ढ	ए	ढ	त	◌ं	न	न	न	ष	क	स	ऊ	त	ण	ञ	इ
ड	स	ख	थ	स	अ	स	स	◌ै	आ	◌ो	ट	प	ख	ख	ण
ठ	ण	द	द	र	म	य	न	◌्	ऊ	फ	ण	द	ञ	ट	फ
व	क	◌्	र	आ	य	◌ा	म	क	ख	◌ं	ड	ध	द	फ	ढ
आ	ए	फ	ध	थ	ख	ढ	म	ठ	श	प	उ	आ	ख	ल	र

ऊंचाई
कोण
गणना
वृत्त
वक्र
व्यास
आयाम
समीकरण
तर्क
माध्य
संख्या
क्षैतिज
समानांतर
अनुपात
खंड
समरूपता
सतह
सिद्धांत
त्रिकोण
खड़ा

83 - Foresta Pluviale

च	घ	स	त	म	थ	इ	र	स	म	न	त	व	व	ठ	ट
म	ट	ग	◌ं	छ	व	य	ञ	ए	थ	ध	ऊ	थ	ग	ढ	ब
ख	श	ण	छ	र	◌ी	ध	◌ा	न	त	◌्	स	थ	थ	स	ण
थ	ग	र	प	क	क	त	◌ि	प	स	◌्	न	◌ा	व	म	ड
म	न	द	ण	◌ी	न	◌्	प	◌्	र	क	◌ृ	त	◌ि	व	ग
म	◌ू	आ	ध	ड	द	र	ष	ण	ऊ	श	छ	उ	म	थ	र
व	ल	ल	ए	◌़	ण	ड	◌ी	ण	स	◌्	व	द	◌े	श	◌ी
◌ि	त	द	◌्	◌े	उ	त	◌्	त	र	ज	◌ी	व	◌ि	त	◌ा
व	ई	◌ा	क	य	ण	ष	क	म	च	स	र	ऊ	स	द	य
◌ि	ग	ब	ज	◌ु	व	त	प	ण	य	च	ण	उ	घ	व	इ
ध	ण	द	◌ं	◌ा	ख	◌ा	इ	ब	भ	ब	छ	ञ	ल	ढ	ष
त	आ	उ	ग	व	व	आ	न	ह	उ	र	ध	छ	ख	ण	प
◌ा	ड	र	ल	ल	ठ	स	य	◌ा	ऊ	म	ढ	ख	द	ल	ट
ध	च	ञ	ढ	ज	फ	व	च	ल	घ	स	ऊ	ट	ए	थ	स
स	म	◌ु	द	◌ा	य	ऊ	ख	◌ी	ढ	र	श	म	त	इ	फ
प	◌्	र	ज	◌ा	त	◌ि	य	◌ा	◌ं	ढ	स	ण	ट	ह	ड

उभयचर
वानस्पतिक
जलवायु
समुदाय
विविधता
जंगल
स्वदेशी
कीड़े
स्तनधारी
काई
प्रकृति
बादल
संरक्षण
मूल्यवान
बहाली
शरण
आदर
उत्तरजीविता
प्रजातियां
पक्षी

84 - Competenze Lavorative

ष	द	ड	भ	स	द	ट	च	भ	व	ष	ल	श	ड	स	स
ज	क	म	त	◌्	◌ा	न	च	र	◌ी	◌ा	क	ह	स	म	◌्
अ	◌ि	र	ध	य	य	ल	व	◌ो	भ	च	◌ू	अ	क	र	व
न	स	म	◌ि	ब	त	फ	घ	स	◌ा	घ	◌ु	न	◌ौ	◌्	त
◌ु	ण	इ	◌्	श	ठ	श	ध	◌े	र	स	न	◌ु	च	प	◌ं
क	प	श	ल	म	◌्	भ	ड	म	◌्	◌ं	अ	भ	ऊ	◌ि	त
◌ू	भ	द	श	प	◌े	म	ढ	◌ं	प	च	ऊ	व	इ	त	◌्
ल	म	फ	घ	ब	ब	द	◌ा	द	छ	◌ा	न	◌ी	ख	ठ	र
न	थ	द	र	ढ	ल	छ	◌ा	ई	थ	र	इ	प	ड	◌ि	भ
◌ी	न	ल	ल	न	ध	ब	◌ं	र	◌्	प	थ	छ	र	ग	ट
य	ञ	◌े	व	◌ि	श	◌्	व	स	न	◌ी	य	छ	फ	◌ं	इ
ष	ठ	त	त	ह	प	ट	च	ग	म	ल	छ	ध	स	स	ख
भ	ग	ल	न	◌ृ	ऊ	ह	थ	भ	ऊ	च	भ	ष	ब	प	र
स	र	ब	◌ी	ग	त	त	◌ै	य	◌ा	र	ढ	ष	र	ढ	ड
ध	भ	ड	◌ि	स	इ	◌्	व	ए	य	व	ह	ख	आ	र	ड
त	थ	इ	व	ठ	ण	ढ	व	न	ण	ठ	ए	व	श	ड	उ

अनुकूलनीय
भरोसेमंद
अनुकूल
चौकस
विश्वसनीय
करिश्माई
संचार
सहकारी
रचनात्मक
समर्पित
प्रभावी
अनुभवी
प्रबंधन
स्वतंत्र
नेतृत्व
संगठित
तैयार
जिम्मेदार
विनीत

85 - Edifici

अ	अ	स	ञ	स	स	◌्	ट	◌े	ड	◌ि	य	म	व	द	प
स	प	◌ं	ब	◌ु	ग	स	स	ट	ष	म	ख	ठ	◌े	उ	◌्
◌्	◌ा	ग	फ	प	आ	न	ञ	◌ि	उ	फ	ध	ध	ध	ड	र
प	र	◌्	◌ै	र	ए	व	त	प	न	न	र	इ	श	य	य
त	◌्	र	क	म	ठ	ख	ए	ण	ल	◌े	त	उ	◌ा	थ	◌ो
◌ा	ट	ह	◌्	◌ा	ड	ल	ए	भ	क	ञ	म	व	ल	ऊ	ग
ल	म	◌ा	ट	र	त	◌ं	ब	◌ू	◌ू	ए	ढ	◌ा	◌ा	ख	श
ठ	◌े	ल	र	◌्	ठ	छ	◌ा	त	◌्	र	◌ा	व	◌ा	स	◌ा
उ	◌ं	य	◌ी	क	प	न	च	य	स	ट	ञ	ष	ड	ख	ल
ऊ	ट	र	म	◌े	ठ	ञ	थ	ठ	भ	ए	द	व	इ	ठ	◌ा
श	ठ	द	ढ	ट	म	ध	त	ञ	र	◌ि	य	ए	श	म	ञ
द	◌ू	त	◌ा	व	◌ा	स	त	म	ढ	थ	न	द	भ	म	आ
ख	र	ग	स	ऊ	ग	र	व	◌ी	ड	ध	प	ल	ञ	प	द
इ	आ	ध	ठ	इ	र	म	ह	न	ह	◌ा	◌ि	ल	ख	च	ए
फ	ञ	ठ	च	ह	◌ो	ट	ल	◌ा	◌ि	क	फ	ञ	म	य	म
ठ	इ	ब	ञ	श	ध	ठ	थ	र	क	◌े	ब	◌ि	न	त	म

दूतावास
अपार्टमेंट
केबिन
किला
सिनेमा
फैक्टरी
खलिहान
होटल
प्रयोगशाला
संग्रहालय
अस्पताल
वेधशाला
छात्रावास
स्कूल
स्टेडियम
सुपरमार्केट
थिएटर
तंबू
मीनार

86 - Malattia

ण	ठ	ढ	ट	त	ग	छ	य	च	ह	ष	ल	त	फ	इ	व
म	च	ट	ज	◌ी	◌्	र	ल	ए	ह	ऊ	म	ढ	ढ	प	प
भ	र	ग	इ	व	र	श	त	ड	श	स	र	ब	त	ठ	प
म	र	◌ो	ड	◌्	◌ं	◌ि	स	ब	म	फ	ध	ध	ध	ए	ट
घ	ब	ह	छ	र	◌ो	ज	म	क	छ	ठ	र	ड	च	च	ऊ
न	स	◌्	व	◌ा	स	◌्	थ	◌्	य	न	म	य	ह	प	य
◌्	व	र	ए	न	त	क	स	◌ं	क	◌्	र	◌ा	म	क	थ
य	◌ं	ण	क	ल	◌्	य	◌ा	ण	ल	छ	ल	ब	ञ	व	र
◌ु	श	द	श	म	च	थ	ठ	ठ	ल	न	ढ	ए	आ	च	◌ो
र	◌ा	र	◌ि	द	थ	न	ध	स	◌ा	ध	ध	उ	न	उ	ग
◌ो	न	ऊ	व	ल	इ	म	ए	इ	श	क	श	ग	च	य	ज
प	◌ु	ल	◌ं	स	◌ू	ज	न	स	व	◌्	श	र	व	ष	न
ट	ग	ञ	◌ु	ह	ड	◌्	ड	◌ि	य	◌ो	◌ं	इ	◌ी	श	क
◌ी	त	य	न	◌ी	र	◌ा	◌ु	प	न	श	उ	ख	प	र	◌ो
ह	स	व	आ	द	द	◌ि	ल	ग	फ	ध	ष	व	य	◌ं	◌ं
च	◌ि	क	◌ि	त	◌्	स	◌ा	म	ठ	ण	श	त	ल	फ	ट

तीव्र
पेट
एलर्जी
कल्याण
संक्रामक
शरीर
पुरानी
दिल
कमजोर
वंशानुगत
आनुवांशिक
सूजन
काठ का
न्यूरोपटी
हड्डियों
रोगजनकों
श्वसन
स्वास्थ्य
सिंड्रोम
चिकित्सा

87 - Paesi #2

ठ	स	ड	ऊ	न	ञ	क	◌ो	स	◌ि	क	◌्	◌े	म	ऊ	ष
य	स	र	ढ	ऊ	उ	श	इ	न	◌ी	न	ज	ख	इ	व	स
र	ओ	आ	भ	त	ग	व	न	ड	इ	र	ह	म	त	इ	न
न	◌ा	इ	ज	◌ी	र	◌ि	य	◌ा	ण	◌े	◌ि	ष	◌ै	उ	न
आ	ल	ट	ब	◌ै	ख	छ	ढ	◌ू	आ	क	य	य	ऊ	क	त
फ	ढ	ख	ष	ह	ध	आ	ब	स	य	◌्	◌ु	◌ा	◌ा	र	◌ा
अ	ल	◌्	ब	◌ा	न	◌ि	य	◌ा	र	◌ू	ग	श	त	◌्	स
स	ग	म	ए	ल	न	ल	घ	ख	ल	य	◌ा	◌ि	त	म	◌्
इ	थ	◌ि	य	◌ो	प	◌ि	य	◌ा	◌ै	स	◌ं	न	त	◌ा	क
उ	द	छ	थ	व	◌ा	◌ा	र	प	◌ं	ठ	ड	◌े	न	न	◌ि
ड	त	न	ग	म	◌ा	छ	◌े	इ	ड	फ	◌ा	ड	ञ	◌े	◌ा
प	च	ञ	ढ	ल	ज	द	य	न	इ	ए	ठ	◌ो	ह	ड	प
ठ	र	च	घ	छ	इ	ध	ह	न	इ	ह	म	◌ं	य	न	प
ल	◌ा	इ	ब	◌े	र	◌ि	य	◌ा	प	ञ	ख	इ	ग	ग	ब
द	म	ख	इ	य	र	◌ू	स	◌ू	व	ध	श	ए	ब	य	च
द	ट	प	ऊ	ण	प	फ	आ	य	श	र	थ	ख	व	ठ	ष

अल्बाानिया
डेनमार्क
इथियोपिया
जमैका
जापान
यूनान
हैती
इंडोनेशिया
आयरलैंड
लाओस
लाइबेरिया
मेक्सिको
नेपाल
नाइजीरिया
पाकिस्तान
रूस
सीरिया
सूडान
यूक्रेन
युगांडा

88 - Tipi di Capelli

ढ	श	द	ढ	य	श	भ	भ	ध	ऊ	ण	श	ण	र	ट	ठ
श	ष	ढ	भ	स	ट	न	इ	ू	ठ	घ	द	र	थ	च	च
आ	ढ	न	ञ	थ	्	घ	ध	स	च	ि	क	न	ा	ध	त
ख	ड	ण	त	च	ढ	व	ु	र	ा	ू	भ	ष	ष	स	थ
ग	छ	ल	ग	म	भ	म	स	ं	ग	ए	ब	इ	ध	च	छ
ह	ह	श	र	ध	भ	म	न	्	घ	ण	ट	ट	ब	त	म
ञ	व	ड	व	ठ	च	द	थ	घ	थ	र	ज	व	आ	श	य
इ	थ	र	ढ	न	ग	ी	ं	र	श	श	ा	ट	थ	ख	श
ब	इ	म	आ	र	ढ	ॅ	घ	ढ	भ	ढ	ं	ल	ा	ा	क
ठ	उ	ण	ण	म	ग	ा	त	ठ	म	श	ग	ढ	े	ू	च
ञ	ह	इ	ब	क	ष	च	भ	इ	ो	ड	प	व	र	स	ञ
ञ	आ	इ	भ	म	ण	ह	ख	ग	ट	ढ	ध	न	ल	थ	स
ह	ढ	स	ब	ा	ं	ल	घ	म	ा	म	उ	व	थ	भ	फ
भ	ल	क	र	्	ल	ह	ण	ए	इ	च	उ	ख	थ	ष	े
ल	ध	न	ष	ध	भ	त	ी	ा	र	ह	ल	र	न	प	द
ग	ो	र	ा	ख	ब	ट	प	ठ	च	व	ख	ह	ण	थ	म

चाँदी
सूखा
सफेद
गोरा
कम
गंजा
रंगीन
धूसर
लट
चिकना

लंबा
भूरा
नरम
काला
लहराती
घुंघराले
कर्ल
स्वस्थ
पतला
मोटा

89 - Vestiti

त	आ	च	प	प	छ	ब	च	ग	प	घ	छ	न	ऊ	व	ढ
त	न	ञ	ल	द	प	ब	ड	ट	◌ा	ट	◌्	प	◌ु	द	त
ष	क	म	◌ी	ज	प	◌ै	◌ं	ट	ज	उ	ल	◌ा	◌्	ब	श
ट	◌ो	प	◌ी	प	इ	ठ	न	◌ो	◌ा	ब	व	र	र	ल	ण
र	य	स	ष	ए	ड	य	ठ	क	म	र	द	ठ	स	ह	च
◌्	ठ	ग	म	प	व	म	न	व	◌ा	ह	स	न	◌्	◌ी	ज
क	◌ं	ग	न	◌्	फ	स	ब	न	ढ	त	◌्	त	भ	प	भ
◌्	ब	प	श	र	त	ण	◌्	थ	घ	स	त	◌ा	◌ू	ज	फ
स	फ	◌े	च	न	व	ध	द	व	श	र	◌ा	ह	च	य	◌ै
ल	व	द	ल	इ	आ	र	ल	ठ	◌े	ध	न	ढ	ढ	ट	श
ल	ग	इ	व	◌्	आ	ब	प	द	ट	ट	◌े	ब	ख	ञ	न
स	र	ढ	ब	त	ट	ज	◌ै	क	◌े	ट	र	र	ऊ	ग	न
न	◌ै	भ	ख	ऊ	ह	ध	ष	श	ढ	र	ब	ऊ	र	च	ह
ख	फ	◌ं	फ	ग	द	ग	ञ	◌ा	ष	ध	इ	ढ	द	द	ञ
स	र	उ	ड	ड	आ	य	व	◌ो	प	ह	ष	द	ब	ष	उ
श	भ	द	म	ल	उ	ढ	र	प	ए	ब	ड	ख	ग	च	ब

पोशाक
कंगन
ब्लाउज
कमीज
टोपी
कोट
बेल्ट
हार
जैकेट
स्कर्ट

एप्रन
दस्ताने
जीन्स
स्वेटर
फैशन
पैंट
पाजामा
सैंडल
जूता
दुपट्टा

90 - Meteo

ख	त	य	ल	स	त	ल	इ	ह	द	य	इ	फ	ड	ख	ञ
ञ	छ	ध	◌्	र	◌ु	व	◌ी	य	न	फ	ट	श	त	व	ट
ए	र	र	आ	र	इ	ट	ञ	त	ऊ	च	प	ढ	ढ	थ	य
य	ध	◌ी	ब	◌ं	ट	◌ि	क	ण	◌्	ष	उ	ह	व	भ	ऊ
थ	त	व	र	श	ध	त	ट	र	त	◌ू	फ	◌ा	न	ब	ल
ल	थ	ड	ञ	ट	थ	◌ी	म	◌ा	न	स	◌ू	न	उ	थ	त
ह	व	घ	न	छ	स	आ	न	ह	त	ब	र	◌्	फ	ठ	ध
ल	द	◌ा	ब	व	◌ं	ड	र	◌ो	◌ं	◌ा	प	श	द	घ	ब
त	न	व	य	ह	व	र	म	क	◌ा	ठ	प	ञ	भ	ड	◌ि
प	भ	ह	◌ु	◌ु	ण	घ	व	ड	श	प	ट	म	ष	ल	ज
स	◌ू	ख	◌ा	ब	म	द	ह	ऊ	◌ा	उ	ब	प	◌ा	ब	ल
ट	न	स	व	ऊ	ऊ	◌ं	श	ड	क	इ	फ	ए	ड	न	◌ी
आ	ठ	थ	ल	न	य	ख	ड	छ	आ	ढ	भ	ह	उ	उ	व
आ	श	श	ज	ह	स	फ	श	ल	इ	थ	प	स	आ	ख	छ
ठ	ख	उ	र	इ	◌ं	द	◌्	र	ध	न	◌ु	ष	प	फ	ख
र	र	ट	ग	आ	म	ड	ब	ट	ठ	फ	ए	आ	ब	आ	प

इंद्रधनुष
सूखा
वायुमंडल
शांत
आकाश
जलवायु
बिजली
बर्फ
मानसून
कोहरा
बादल
ध्रुवीय
तापमान
आंधी
बवंडर
उष्णकटिबंधीय
गरज
नम
तूफान
हवा

91 - Corpo Umano

क	◌ो	ह	न	◌ी	व	ण	स	उ	र	ग	ध	इ	ष	इ	ट
ढ	श	◌ॅ	◌ा	त	ब	ड	त	◌ं	ढ	घ	फ	इ	ठ	ठ	उ
ट	ध	◌ु	ट	छ	र	म	फ	ग	न	◌ा	क	म	ऊ	व	द
ध	य	म	◌ु	ठ	◌ि	◌ा	म	ल	ठ	न	ह	आ	ल	ख	छ
उ	स	भ	घ	उ	स	ऊ	ह	◌ी	च	त	प	ढ	घ	उ	भ
न	व	प	त	फ	भ	ड	ब	◌े	न	ख	ट	च	ष	न	ड
ह	न	स	ढ	घ	ल	य	म	ऊ	च	◌ं	ध	◌ा	◌ं	क	ब
◌ा	छ	र	छ	ञ	स	म	उ	श	ट	आ	च	व	◌ं	फ	छ
थ	इ	क	य	आ	ढ	न	ब	ल	ऊ	न	द	◌्	र	ग	भ
त	ञ	◌्	इ	द	ह	फ	व	श	य	ठ	ञ	त	प	म	ठ
न	प	त	ण	व	उ	ष	ठ	ब	भ	न	र	ण	ख	◌ा	घ
त	ञ	ढ	इ	न	श	ड	छ	ख	उ	ब	ड	उ	स	◌ि	ञ
ए	य	आ	व	भ	र	न	ठ	ड	ण	छ	ध	श	च	द	ष
प	ह	उ	ठ	◌ो	ड	◌़	◌ी	ध	ष	द	◌ि	ल	ग	श	ष
◌े	र	ण	त	उ	ण	ए	त	आ	आ	त	ल	ब	थ	घ	ह
ट	उ	ढ	इ	घ	ड	ब	थ	भ	न	भ	ल	इ	ल	ष	ग

मुँह
टखने
दिमाग
गर्दन
दिल
उंगली
चेहरा
टांग
घुटना
कोहनी
हाथ
ठोड़ी
नाक
आंख
कान
त्वचा
रक्त
कंधा
पेट
सिर

92 - Mammiferi

इ	प	ढ	ग	ह	ज	◌ि	र	◌ा	फ	◌़	ध	श	द	य	च
ग	◌ो	र	◌ि	ल	◌्	ल	◌ा	◌ू	भ	◌ा	ल	◌ू	◌े	व	ए
न	ल	थ	त	ड	उ	ट	स	र	ग	ह	थ	ब	न	र	ऊ
ध	छ	◌ी	द	ख	ढ	र	ष	ण	ग	◌ा	छ	ल	ह	द	ऊ
स	य	◌ा	ड	◌़	◌ि	◌े	भ	ग	क	ञ	◌ं	श	ख	◌ं	घ
ण	उ	ह	ल	◌ो	म	ड	◌़	◌ी	◌ो	न	त	क	र	ब	ख
न	फ	◌ि	ल	◌्	◌ॉ	ड	उ	ग	य	ऊ	न	भ	ग	फ	प
र	ल	र	◌ा	ब	◌े	◌़	ज	र	◌ो	इ	थ	ड	◌ो	फ	व
ण	ध	ण	ट	ड	ल	◌े	ण	घ	ट	आ	ण	ढ	श	स	ल
न	त	इ	द	ष	त	भ	ऊ	ण	ख	इ	घ	◌ो	ड	◌़	◌ा
ब	◌ु	ल	ब	ए	ऊ	ल	ढ	च	ग	य	च	ष	ठ	य	म
त	स	ह	य	◌ि	व	घ	इ	थ	य	र	आ	ड	य	र	ध
ब	ढ	◌े	ए	ठ	ल	ल	ण	आ	ध	क	◌ु	त	◌्	त	◌ा
ल	श	◌्	ए	फ	ह	◌्	घ	न	द	ठ	ण	ण	ए	ग	त
ध	स	व	न	म	थ	त	ल	द	श	भ	ण	ख	ड	द	ष
ट	थ	इ	ढ	इ	ए	ब	व	◌ी	ड	म	ड	त	ल	ढ	उ

व्हेल
कुत्ता
कंगारू
घोड़ा
हिरण
खरगोश
कोयोट
डॉल्फिन
हाथी
बिल्ली
जिराफ़
गोरिल्ला
शेर
भेड़िया
भालू
भेड़
बंदर
बुल
लोमड़ी
ज़ेबरा

93 - Giardinaggio

प	ल	ग	ञ	ल	य	ख	ख	फ	ल	◌ो	द	◌्	य	◌ा	न
ष	◌्	ध	ष	फ	प	ढ	ल	◌ि	प	थ	ट	ड	उ	इ	ञ
◌्	न	र	ऊ	ए	भ	श	भ	ड	ल	थ	र	ज	ट	य	ह
◌ु	र	भ	ज	घ	ग	◌ी	द	◌ं	ग	न	ख	ल	ग	ञ	ढ
प	व	ष	इ	◌ा	ण	द	ग	ण	ष	◌ी	◌ा	व	आ	ब	द
प	त	◌्	त	◌ा	त	◌े	◌्	त	प	◌ा	प	◌ा	इ	ए	ढ
द	◌ा	व	ट	उ	च	◌ि	ल	र	त	प	द	य	ट	ण	प
त	स	ल	घ	श	थ	व	य	द	◌्	◌ा	ख	◌ु	थ	ट	ब
ढ	◌्	न	म	◌ी	ऊ	म	ख	◌ा	ए	र	व	न	स	प	ण
आ	द	ख	ए	ढ	उ	ह	ष	ण	◌ं	भ	ब	ग	न	प	ञ
क	ल	व	◌ा	न	स	◌्	प	त	◌ि	क	ब	स	ष	ह	ण
◌ं	◌ु	ड	आ	ब	य	छ	ञ	फ	ण	ठ	म	◌ी	स	◌ौ	म
ट	ग	ख	◌ा	द	ण	व	ड	ऊ	य	र	द	ल	ज	र	थ
◌े	ध	ह	ध	भ	र	ध	द	ग	ढ	उ	ए	न	ख	च	य
न	ह	छ	द	ष	ट	न	त	ए	व	ऊ	इ	ऊ	इ	इ	ह
र	ढ	व	ठ	भ	ष	ढ	ञ	इ	श	ख	प	थ	छ	प	घ

पानी
वानस्पतिक
जलवायु
खाद्य
खाद
कंटेनर
विदेशी
खिलना
पुष्प
पत्ता
पत्ते
फलोद्यान
गुलदस्ता
बीज
प्रजातियां
गंदगी
मौसमी
नली
नमी

94 - Universo

आ	आ	क	ा	श	श	इ	ऊ	ख	ल	व	ट	थ	थ	ल	य
म	क	द	ृ	श	्	य	म	ा	न	ौ	द	र	त	ह	ठ
न	ञ	ा	ज	्	व	ि	ल	ो	ग	ख	क	ल	प	ष	छ
ख	य	ब	श	क	क	्	ष	ा	य	घ	ऊ	ि	र	ख	छ
क	ग	भ	ह	ी	ध	त	ए	द	द	ॅ	ा	च	क	ट	य
्	आ	ो	स	भ	य	म	च	स	े	द	ू	र	ब	ी	न
ष	आ	ञ	ल	ञ	श	ग	च	ब	श	फ	स	ा	च	ष	ग
ि	य	ठ	ड	व	ट	ड	द	ए	ा	ठ	ख	ध	व	ढ	ट
त	न	आ	म	स	ि	उ	ड	म	न	द	ह	े	ख	ल	उ
ि	ठ	य	ं	ठ	आ	ज	र	ल	्	ए	च	ं	ठ	घ	ट
ज	थ	ध	य	ख	ध	ब	्	र	त	थ	छ	अ	ण	आ	ऊ
इ	ष	ष	ु	श	द	प	म	ञ	र	ौ	स	र	इ	म	घ
स	श	ष	ा	ं	्	क	अ	ञ	ा	ए	च	थ	ण	स	ह
घ	ष	ख	व	ए	उ	फ	म	ग	ण	न	श	ढ	त	य	ड
आ	क	ा	श	ग	ं	ग	ा	ए	उ	ड	ी	ठ	भ	स	फ
स	ं	क	्	र	ा	ं	त	ि	ग	ो	ल	ा	र	्	ध

खगोल विज्ञान
खगोल विज्ञानी
वायुमंडल
अंधेरा
आकाशीय
आकाश
लौकिक
गोलार्ध
आकाशगंगा

अक्षांश
देशान्तर
चाँद
कक्षा
क्षितिज
सौर
संक्रांति
दूरबीन
दृश्यमान

95 - Jazz

श	छ	आ	ठ	न	◌ा	र	◌ा	◌ु	प	ढ	र	छ	ल	ल	ऊ
ऊ	◌ै	ट	ष	उ	य	व	छ	भ	ग	स	◌ो	ट	ग	ञ	ढ
ब	ऊ	ल	◌ा	च	म	◌ा	क	ड	ए	ध	◌ं	फ	घ	ऊ	ख
ढ	श	◌ा	◌ी	ग	व	य	श	◌्	ऊ	ट	क	द	फ	घ	प
ठ	ल	त	ठ	श	◌ा	न	च	र	म	ट	◌ा	स	◌ी	य	भ
त	क	न	◌ी	क	ण	ष	च	म	ग	ढ	त	ऊ	म	द	र
प	◌्	र	स	◌ि	द	◌्	ध	द	◌ी	च	ग	ऊ	स	ष	◌ा
त	भ	फ	न	ष	श	र	क	◌ा	त	ग	◌ी	◌ं	स	आ	ट
व	◌ा	ह	व	◌ा	ह	◌ी	स	ट	इ	प	◌ं	ख	ण	ठ	◌्
ञ	त	स	ख	घ	ध	म	ल	◌ं	ढ	ख	स	ल	ग	ल	स
इ	◌ि	प	उ	त	ण	घ	इ	प	ग	थ	ध	ट	म	ऊ	◌्
ड	र	ग	स	ञ	ऊ	ग	श	ञ	थ	◌ी	म	ऊ	द	छ	क
य	◌्	ञ	ए	ल	◌्	ब	म	ष	ग	म	त	ठ	ह	त	◌े
त	प	ऊ	ठ	म	थ	ह	ण	छ	ऊ	ठ	प	ल	ठ	ऊ	◌्
च	ह	स	द	ल	इ	ल	भ	व	ष	ह	श	छ	उ	आ	र
ज	◌़	◌ो	र	क	◌ा	◌ा	ल	क	ठ	घ	ख	उ	ए	व	ऑ

एल्बम
वाहवाही
कलाकार
ड्रम
गीत
संगीतकार
रचना
ज़ोर
प्रसिद्ध
कामचलाऊ
संगीत
संगीतकारों
नया
ऑर्केस्ट्रा
पसंदीदा
ताल
शैली
प्रतिभा
तकनीक
पुराना

96 - Vacanze #2

ड	प	◌ा	स	प	◌ो	र	◌्	ट	ढ	व	ह	ष	ड	प	ड
ड	◌े	ठ	ख	ध	ट	न	क	◌्	श	◌ा	◌ि	उ	ए	ख	ह
ट	त	र	द	◌्	◌ु	म	स	श	उ	त	च	द	द	ब	ग
ठ	भ	ख	◌ा	ठ	च	ञ	इ	च	ट	स	ड	ग	◌े	भ	फ
ष	ब	भ	फ	ड	फ	ह	ख	ण	द	◌्	य	◌ं	ल	श	स
थ	फ	द	स	ठ	◌ा	भ	◌ो	ल	भ	व	प	त	उ	ड	◌ी
ट	ष	उ	ट	म	ड	ल	र	ट	ख	◌ी	ढ	व	भ	र	क
ऊ	द	श	ड	ल	य	ऊ	न	उ	ल	र	ष	◌्	◌ो	र	◌्
ण	उ	◌ा	ऊ	ढ	◌ा	स	ए	◌ा	थ	◌े	प	य	ज	आ	◌ै
ध	थ	क	ट	त	त	ब	ष	ब	◌ू	◌ं	त	ध	न	ख	ट
द	◌्	व	◌ी	प	◌्	व	◌ी	ज	◌ा	छ	प	ष	◌ा	व	म
ट	श	अ	ट	ढ	र	द	◌्	◌ु	म	स	र	व	ल	ट	ष
त	ए	व	◌्	य	◌ा	ब	थ	व	छ	स	◌ि	फ	य	◌्	ञ
र	इ	व	◌ु	भ	य	ए	ह	त	फ	फ	व	स	न	र	य
स	ष	न	छ	स	ख	घ	ख	ध	थ	ठ	ह	ढ	ञ	◌े	घ
ह	व	◌ा	ई	अ	ड	◌्	ड	◌ा	ऊ	ध	न	न	घ	न	ढ

हवाई अड्डा
डेरा डालना
गंतव्य
तस्वीरें
होटल
द्वीप
नक्शा
समुद्र
पासपोर्ट
भोजनालय
समुद्र तट
विदेशी
टैक्सी
अवकाश
तंबू
परिवहन
ट्रेन
छुट्टी
यात्रा
वीजा

97 - Attività

भ	म	ख	ञ	ढ	ट	फ	ढ	थ	ब	ञ	ध	स	ह	फ	ह
क	व	छ	ग	त	◌ि	व	◌ि	ध	◌ि	स	ष	ध	ढ	◌ो	ञ
र	◌ौ	द	ल	◌े	ख	आ	न	◌ं	द	इ	त	प	भ	ट	ट
ब	र	श	ध	◌ो	प	ब	य	प	य	ष	भ	ह	श	◌ो	थ
ठ	प	ड	ल	न	प	ग	न	थ	ह	भ	ए	म	ग	ग	ड
ह	◌ि	त	◌ो	◌ं	इ	क	उ	म	ण	◌े	ठ	ट	ण	◌्	◌े
ए	च	द	य	म	द	ड	ड	ष	प	ढ	ल	ढ	म	र	र
र	भ	म	त	ड	◌ू	छ	न	◌़	ण	ढ	ग	◌ी	म	◌ा	◌ा
व	◌ि	श	◌्	र	◌ा	म	स	घ	न	◌ा	◌़	ढ	प	फ	ड
ब	ञ	प	◌ृ	ल	ज	ड	छ	स	ल	◌े	आ	स	द	◌ी	◌ा
छ	ग	आ	न	◌ा	र	क	र	क	◌ा	◌ि	श	◌ि	व	प	ल
आ	न	ब	◌ा	ग	व	◌ा	न	◌ी	प	घ	◌ा	ल	य	आ	न
आ	स	ड	ल	श	◌ि	ल	◌्	प	ग	थ	क	◌ा	म	द	◌ा
द	र	घ	क	ग	ड	ध	ण	द	थ	ऊ	व	ई	ढ	ए	ञ
छ	स	ढ	प	च	द	श	घ	र	य	स	अ	ख	म	न	ठ
श	च	र	च	◌ि	त	◌्	र	क	◌ा	र	◌ी	च	र	ड	इ

कौशल
कला
शिल्प
गतिविधि
शिकार करना
डेरा डालना
सिलाई
नृत्य
फोटोग्राफी
बागवानी
खेल
हितों
पढ़ना
जादू
मछली पकड़ने
आनंद
चित्रकारी
पहेली
विश्राम
अवकाश

98 - Diplomazia

र	ा	ज	न	ी	त	ि	द	आ	न	स	ल	ड	ऊ	उ	ष
त	स	घ	ध	म	ा	न	व	ी	य	फ	ं	ग	थ	त	भ
ह	च	य	ा	द	ड	ट	प	म	भ	न	इ	ध	ट	स	ख
य	छ	प	ा	ञ	द	भ	ठ	ध	ञ	घ	ण	ऊ	ि	ध	न
ब	छ	ढ	म	स	भ	छ	त	ष	स	थ	ढ	ह	य	स	ा
ल	न	ऊ	स	म	य	ए	च	प	य	व	फ	म	क	र	ग
र	च	य	न	ु	ग	ग	स	ल	ा	ह	क	ा	र	क	र
प	ा	च	ऊ	द	छ	ो	व	्	च	ह	य	ष	ि	ा	ि
र	्	ज	न	ा	थ	य	ा	क	ठ	र	ि	अ	ग	र	क
छ	र	म	द	य	म	ह	त	ं	ए	ण	न	ख	ा	द	ो
न	च	भ	घ	ू	आ	स	ा	स	ट	फ	ज	ं	न	ए	ं
उ	्	व	फ	प	त	ं	ू	थ	द	ल	ा	ड	ी	ग	छ
ण	त	य	भ	ण	न	घ	द	ढ	व	भ	र	त	त	च	ञ
श	व	न	ा	ब	ऊ	र	ड	ड	ण	ण	आ	ा	ि	य	छ
त	स	त	उ	य	ल	्	ञ	प	च	इ	इ	घ	उ	ढ	च
ब	र	ह	ठ	उ	ग	ष	ा	क	्	र	ु	स	श	श	च

दूतावास
राजदूत
नागरिकों
नागरिक
समुदाय
संघर्ष
सलाहकार
सहयोग
राजनयिक
चर्चा
नीति
न्याय
सरकार
अखंडता
राजनीति
संकल्प
सुरक्षा
समाधान
संधि
मानवीय

99 - Forniture Artistiche

ए	व	ष	इ	ष	ट	◌ी	ट	◌्	◌ि	म	छ	त	त	व	र
ल	◌ि	न	म	प	ग	◌े	र	फ	त	स	घ	ब	भ	म	थ
ए	च	ल	य	घ	◌़	ड	ब	र	भ	ल	ट	फ	ग	ए	थ
इ	◌ा	इ	इ	ड	श	फ	ल	ल	स	◌ि	◌ं	◌े	प	त	प
म	र	ख	ञ	ए	ब	न	ध	ठ	द	घ	◌े	ह	छ	ध	◌ा
ऊ	◌ो	ढ	घ	ग	ष	ब	◌्	र	श	ह	प	ग	ल	न	न
ठ	◌ं	आ	द	◌ं	◌ो	ग	◌ं	र	ल	ज	र	ट	प	इ	◌ी
श	ए	क	◌्	र	◌ि	ल	◌ि	क	प	◌े	स	◌्	ट	ल	ख
स	छ	इ	ध	◌ा	स	ख	ह	घ	थ	ञ	उ	र	उ	ए	स
◌ी	◌्	ष	ब	म	ब	भ	ष	त	घ	य	ण	ह	ञ	घ	य
र	ठ	य	घ	◌ै	त	◌ा	क	म	त	◌्	◌ा	न	च	र	ढ
◌्	ज	ग	◌ा	क	ध	◌े	द	ण	य	ध	ड	ख	ण	ढ	य
◌ु	भ	ए	ष	ह	घ	ठ	ल	ख	म	ल	घ	इ	घ	फ	ऊ
क	म	ढ	त	ए	◌ी	च	◌ि	त	◌्	र	फ	ल	क	ह	स
आ	ड	ञ	व	प	आ	ढ	ऊ	द	फ	ढ	त	इ	र	श	च
थ	ढ	ऊ	इ	द	ह	ल	ग	ड	ण	ह	फ	ब	ण	त	न

पानी
जल रंग
एक्रिलिक
मिट्टी
कागज
चित्रफलक
गोंद
रंग
रचनात्मकता
रबड़
विचारों
स्याही
पेंसिल
तेल
पेस्टल
कुर्सी
ब्रश
टेबल
कैमरा
पेंट

100 - Misurazioni

ढ	प	ण	र	थ	ऊ	म	क	द	ण	छ	ल	छ	ष	ढ	ठ
ड	◌ि	ग	◌्	र	◌ी	◌ि	ष	◌ि	स	उ	ड	ष	ञ	ल	ह
स	ण	छ	र	ट	स	न	ट	ल	ल	थ	इ	प	व	ड	ढ
◌े	श	म	ग	◌ो	फ	ट	ढ	ध	स	◌ो	ढ	छ	थ	ड	च
◌ं	भ	◌ी	च	ल	न	आ	घ	थ	ब	ऊ	ग	घ	व	श	र
ट	ध	ट	फ	◌ौ	श	ग	च	ष	आ	ध	व	◌्	ड	ट	ड
◌ी	म	र	द	ठ	ड	र	व	ज	न	त	य	आ	र	त	आ
म	ख	ड	श	ह	ट	◌़	छ	ग	◌्	र	◌ा	म	ह	◌ा	ढ
◌ी	ए	त	म	प	ञ	ल	◌ा	छ	न	त	ट	ल	थ	औ	म
ट	ग	म	ल	ध	छ	ठ	घ	ई	ण	व	ई	च	◌ा	◌ं	ऊ
र	ध	ब	व	ध	श	ऊ	ष	ख	श	य	ब	◌ं	ऊ	स	ब
ण	ठ	इ	ग	उ	व	न	ग	प	आ	ए	◌ा	इ	ढ	◌ा	◌ा
थ	म	भ	व	ऊ	ड	ण	ह	द	ग	च	◌ं	उ	द	म	इ
श	छ	ड	घ	इ	छ	च	र	ट	म	◌ी	ल	◌ो	◌ि	क	ट
ष	ध	घ	व	द	श	न	◌ा	ञ	ह	त	न	द	न	ठ	ख
ल	न	म	च	ञ	आ	स	ई	भ	प	उ	व	श	श	फ	आ

ऊंचाई
बाइट
सेंटीमीटर
किलोग्राम
किलोमीटर
दशमलव
डिग्री
ग्राम
चौड़ाई
लीटर
लंबाई
मास
मीटर
मिनट
औंस
वजन
इंच
गहराई
टन
आयतन

1 - Scacchi

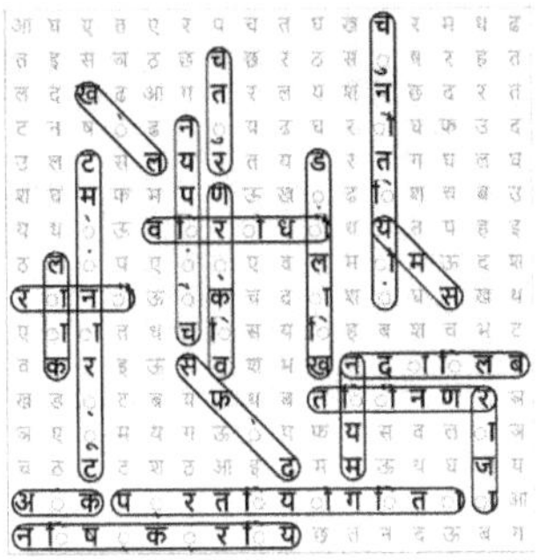

2 - Salute e Benessere #2

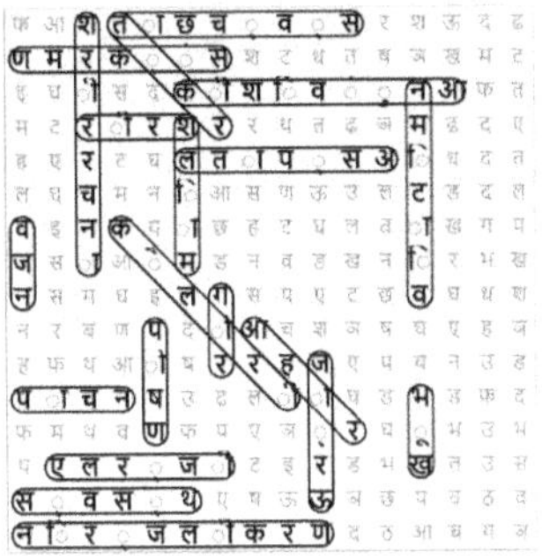

3 - Aggettivi #2

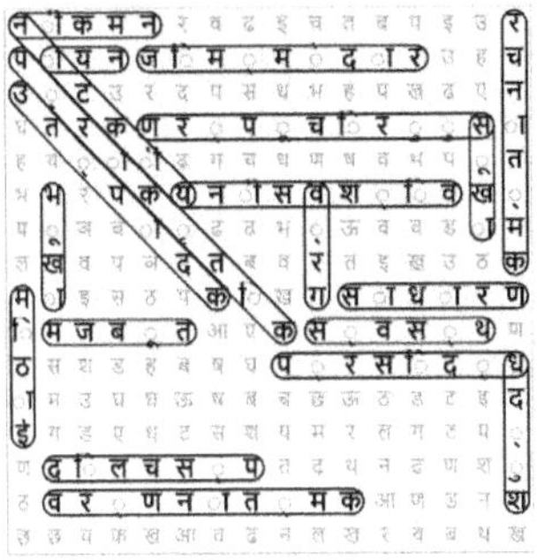

4 - Pesca

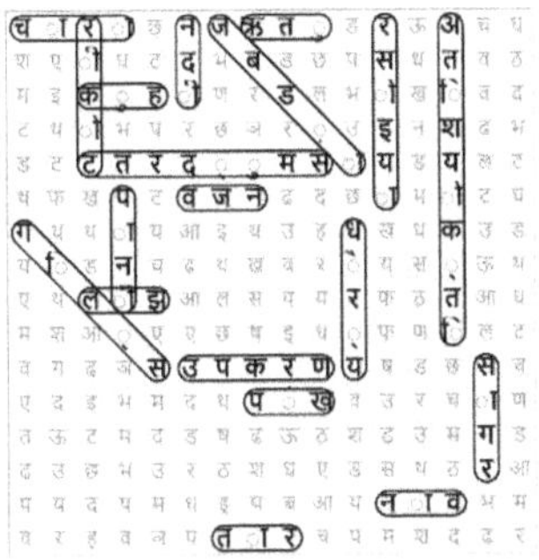

5 - Ingegneria

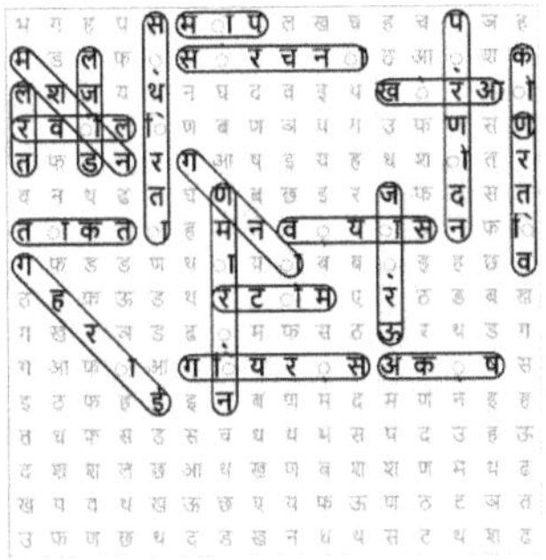

6 - Archeologia

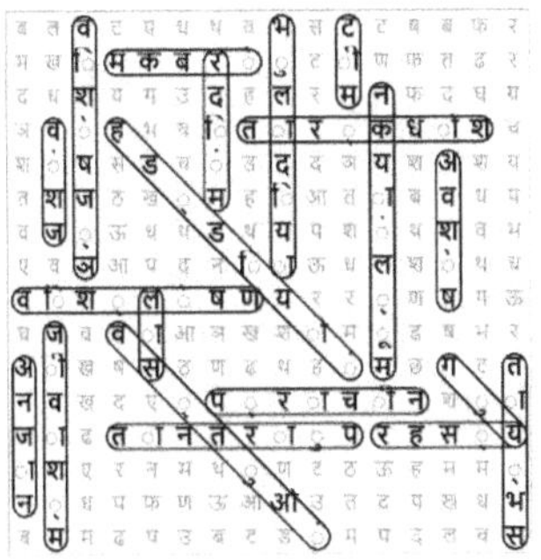

7 - Salute e Benessere #1

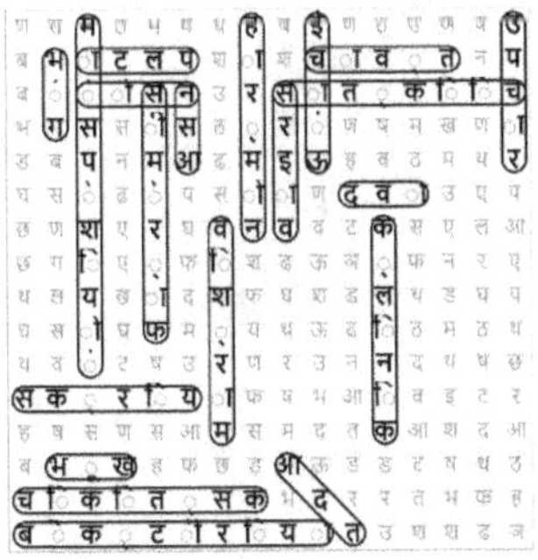

8 - Aggettivi #1

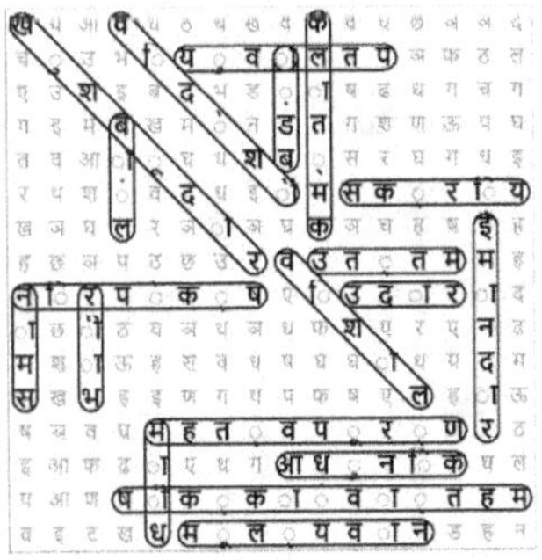

9 - Geologia

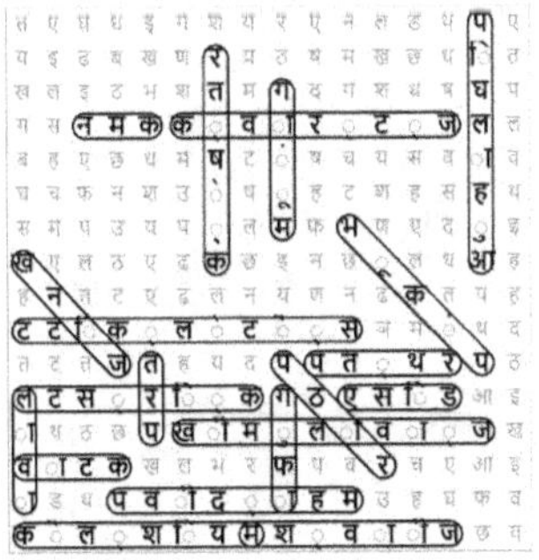

10 - Campeggio

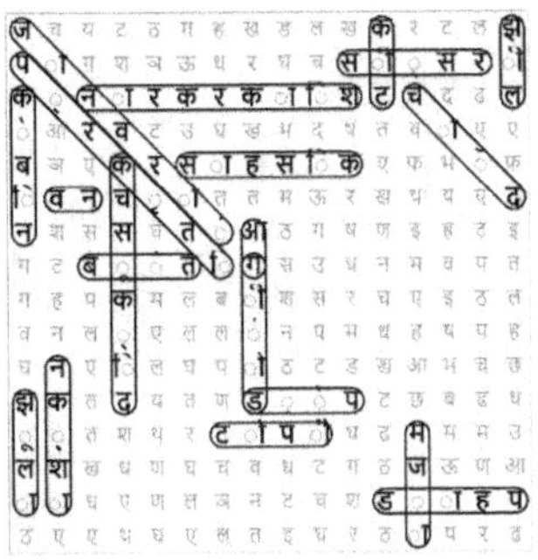

11 - Tempo

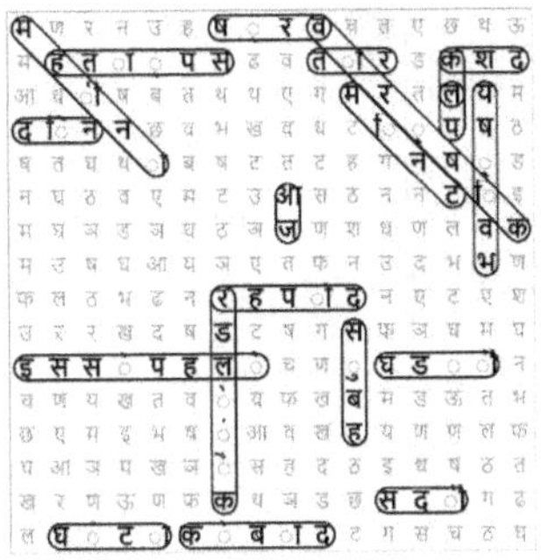

12 - Astronomia

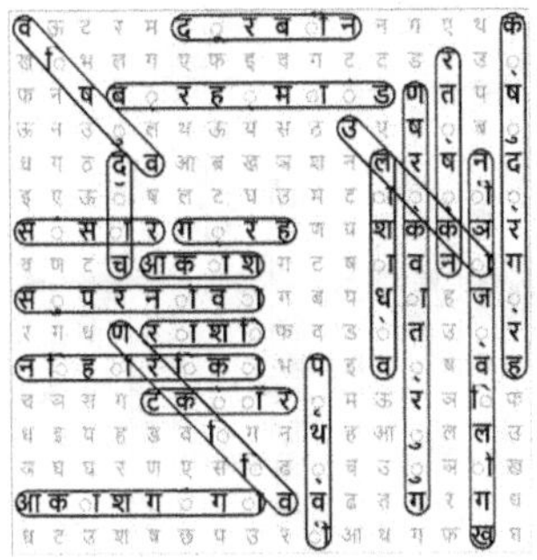

13 - Algebra

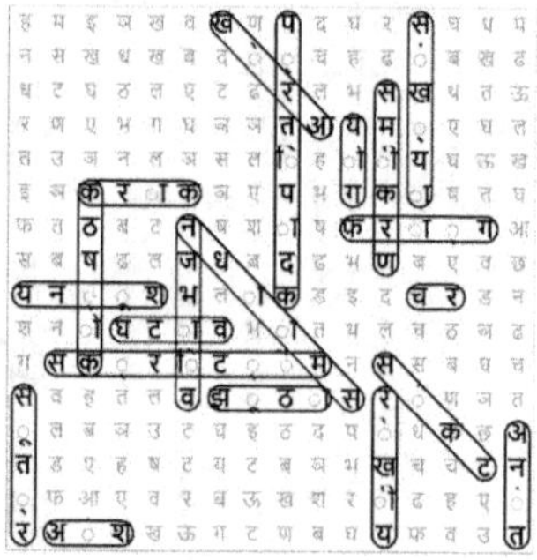

14 - Mitologia

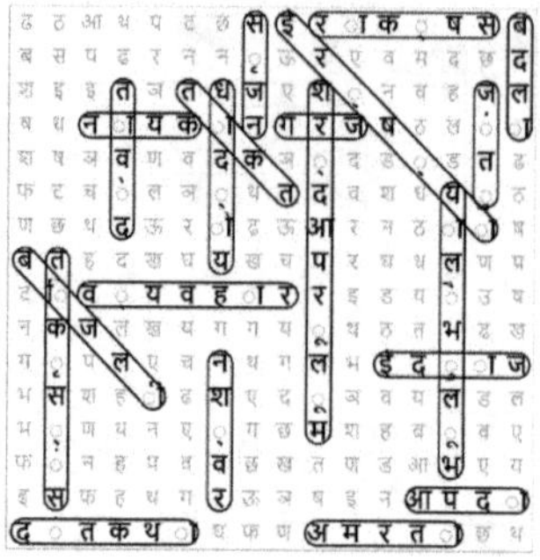

15 - Piante

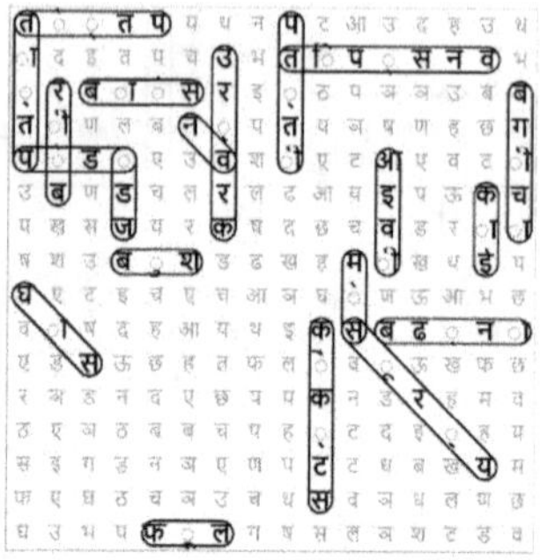

16 - Spezie

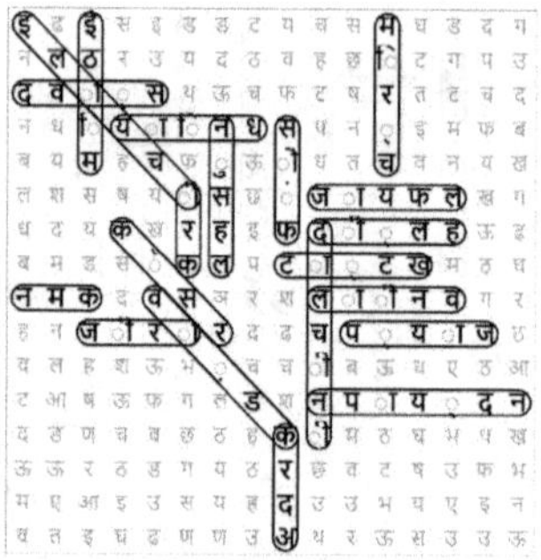

17 - Numeri

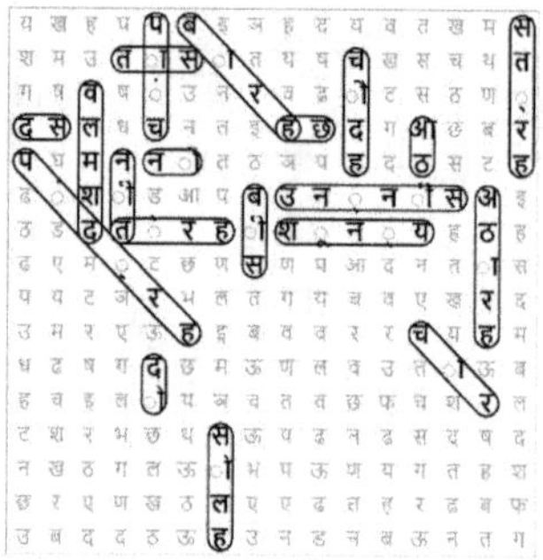

18 - Cioccolato

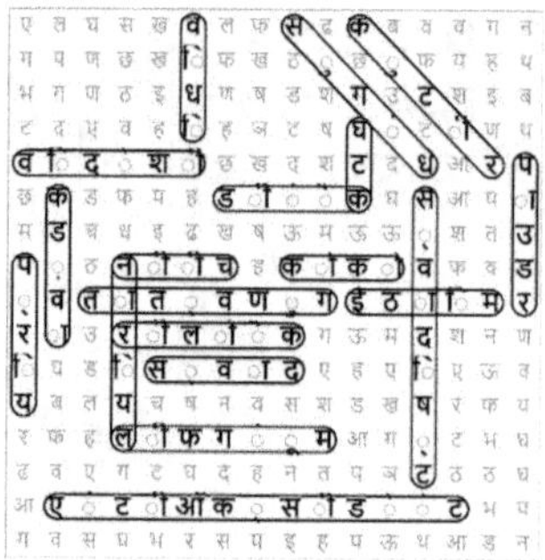

19 - Immigrazione

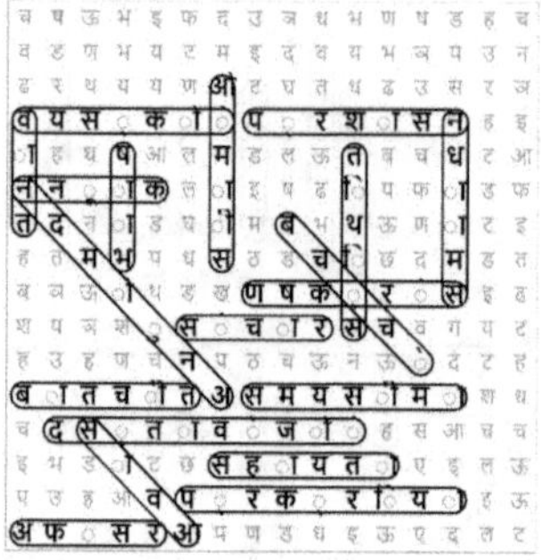

20 - Guida

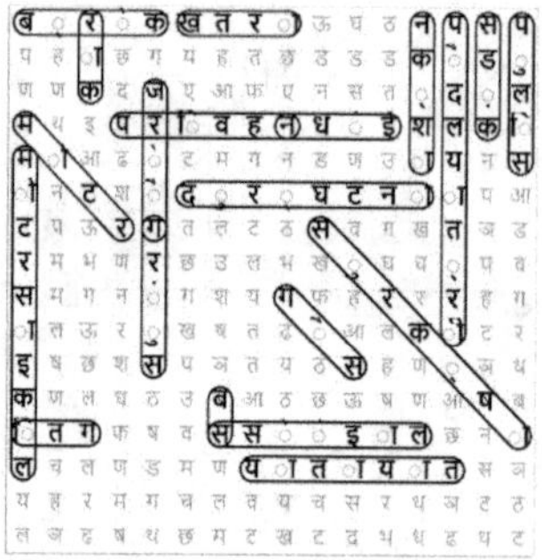

21 - I Media

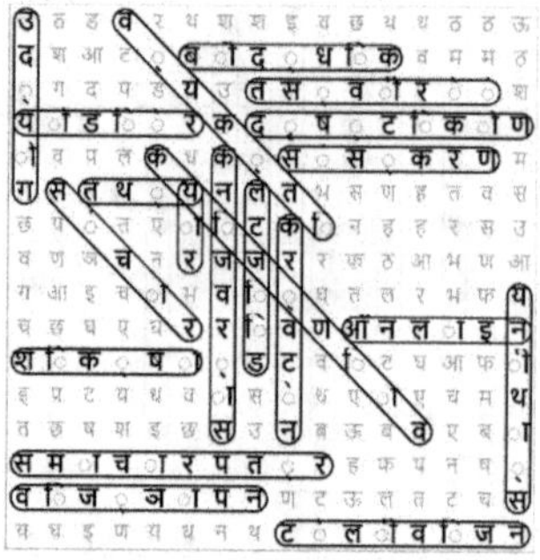

22 - Forza e Gravità

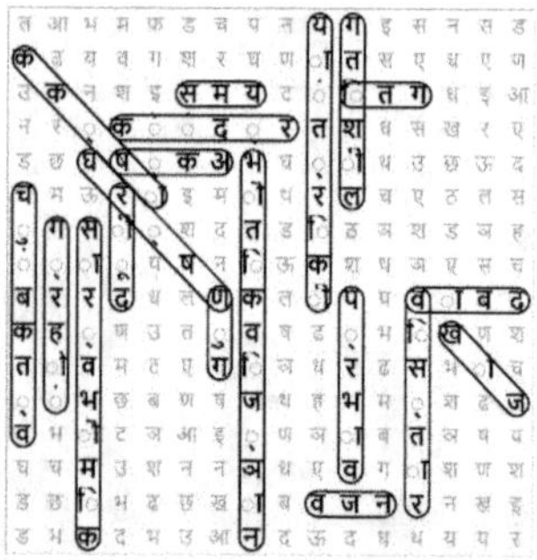

23 - Sport

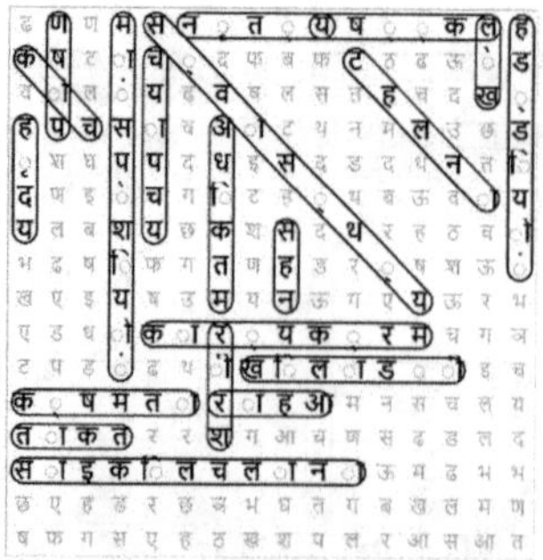

24 - Caffè

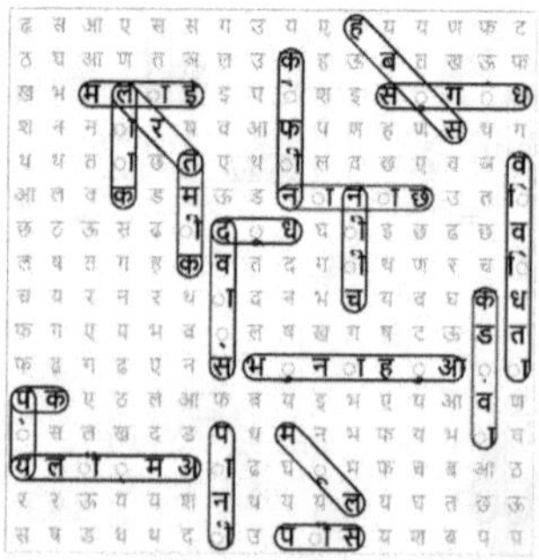

25 - Uccelli

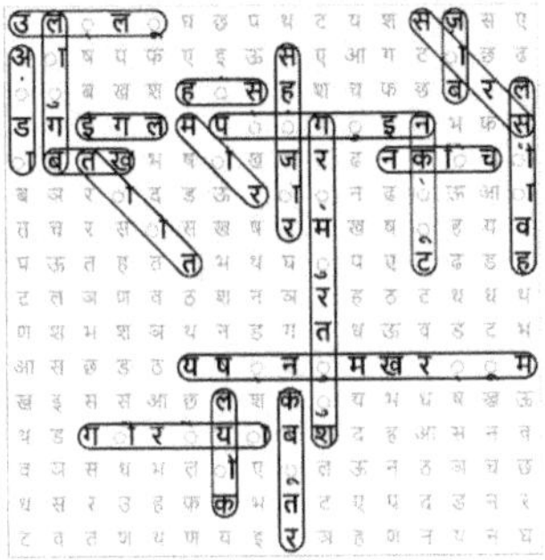

26 - Giorni e Mesi

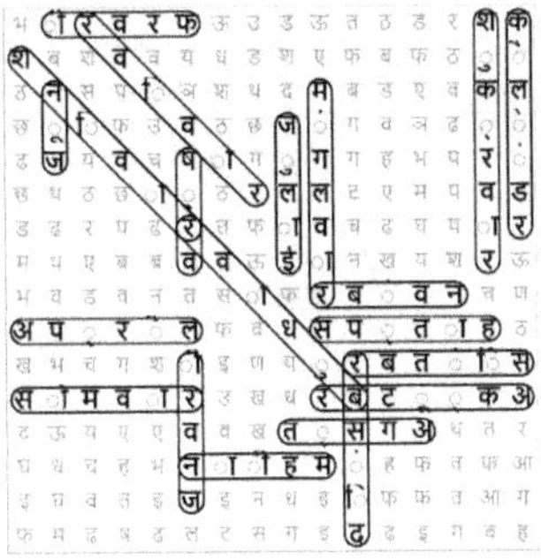

27 - Casa

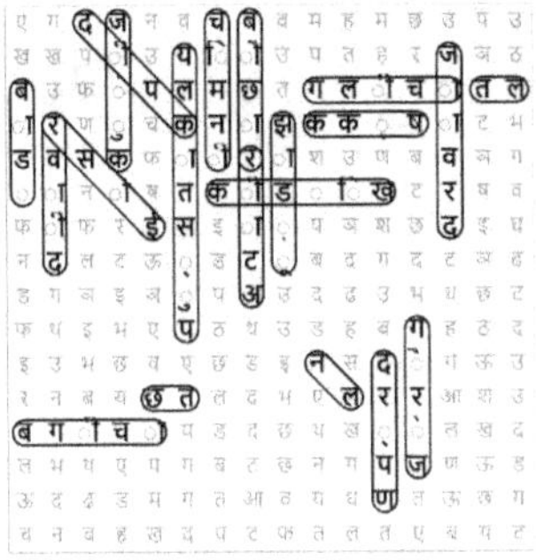

28 - Fantascienza

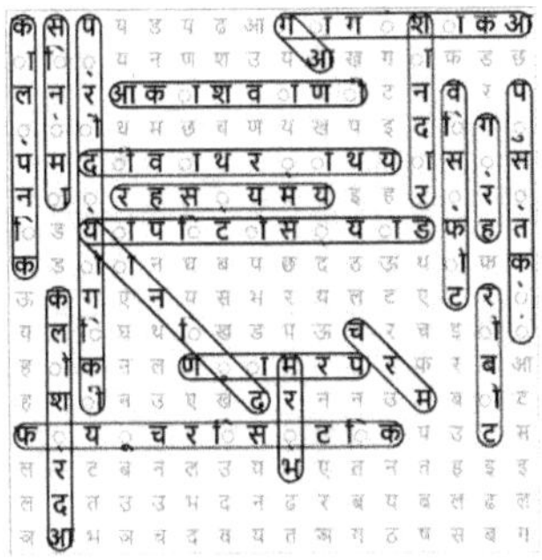

29 - Città

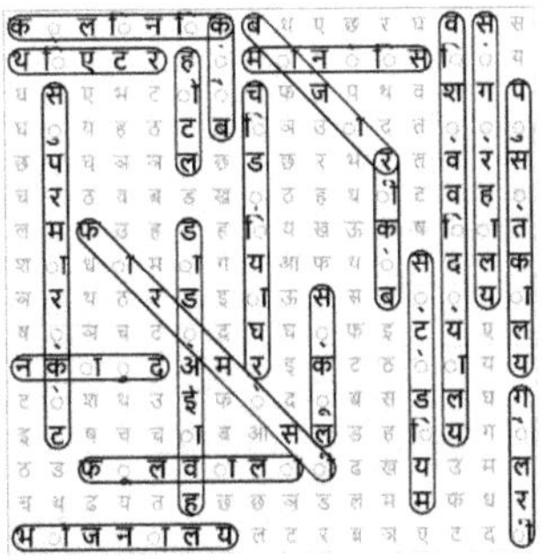

30 - Fattoria #1

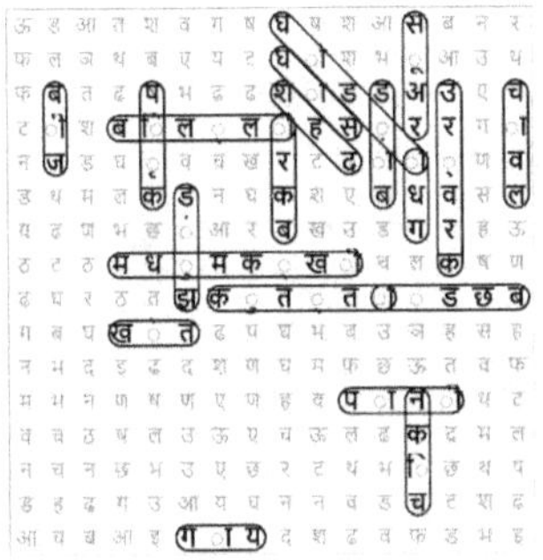

31 - Psicologia

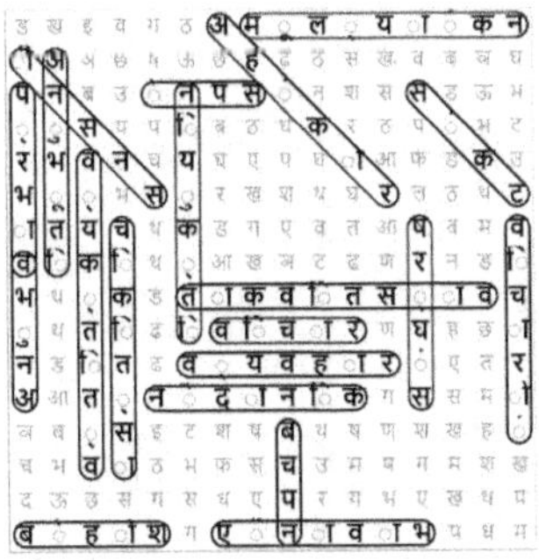

32 - Paesaggi

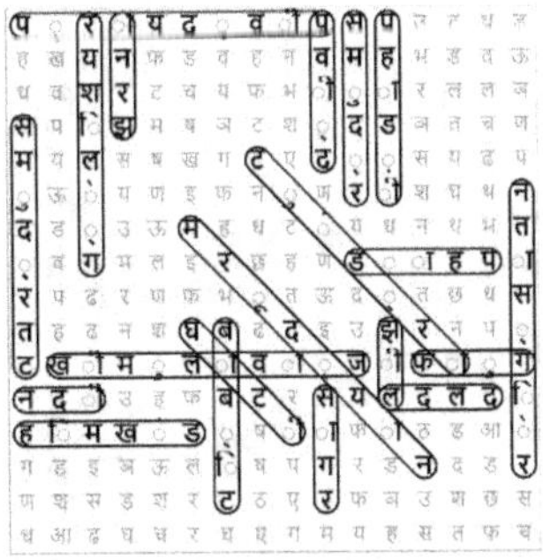

33 - Energia

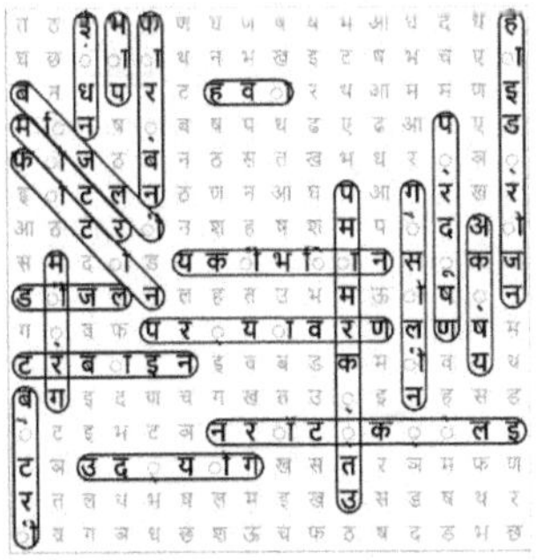

34 - Ristorante #2

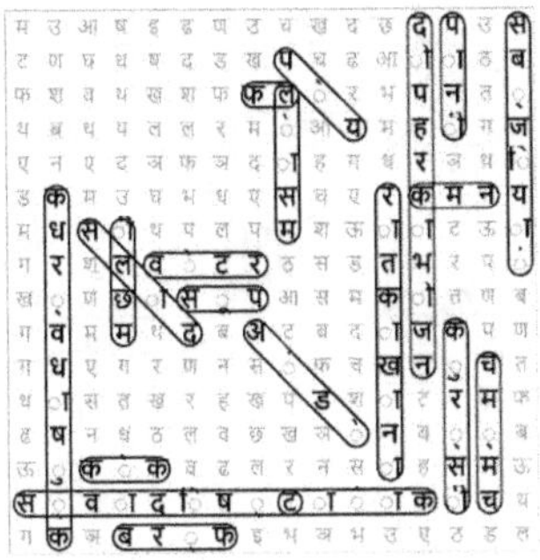

35 - Moda

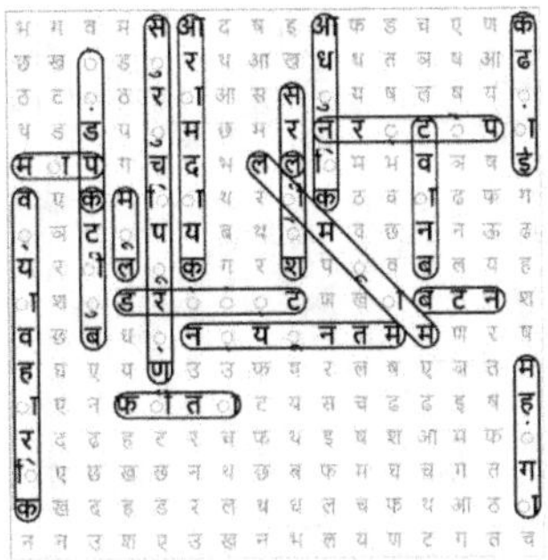

36 - L'Azienda

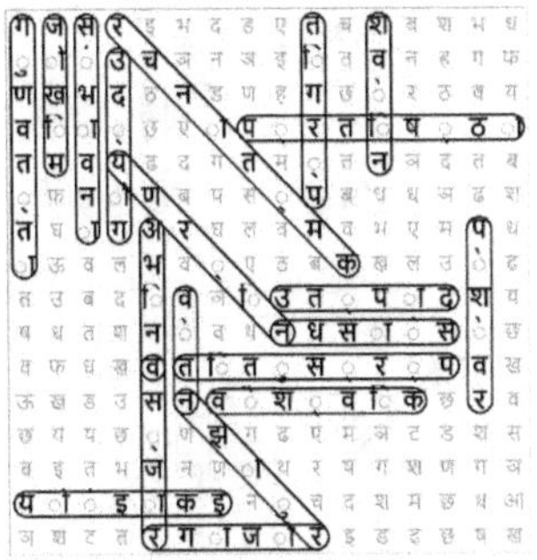

37 - Giardino

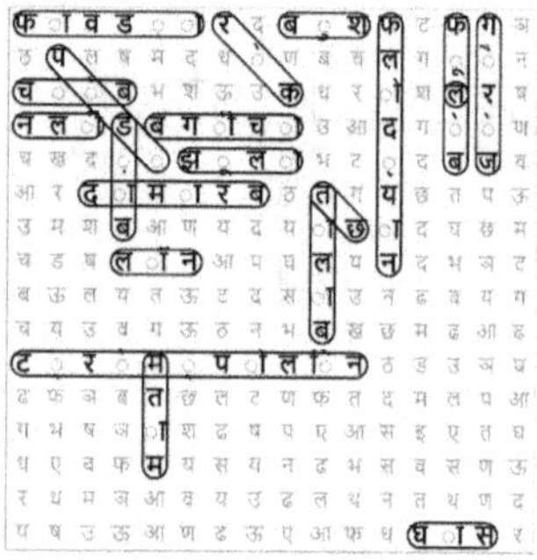

38 - Riscaldamento Gl

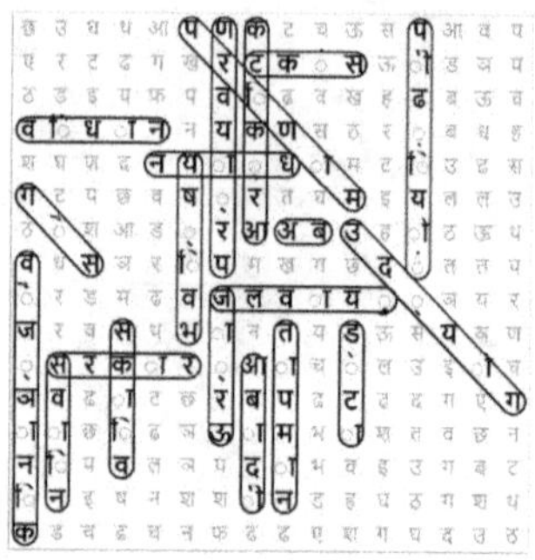

39 - Frutta

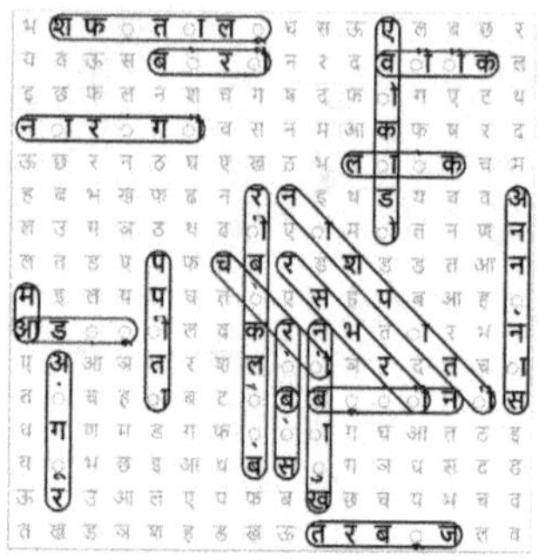

40 - Fattoria #2

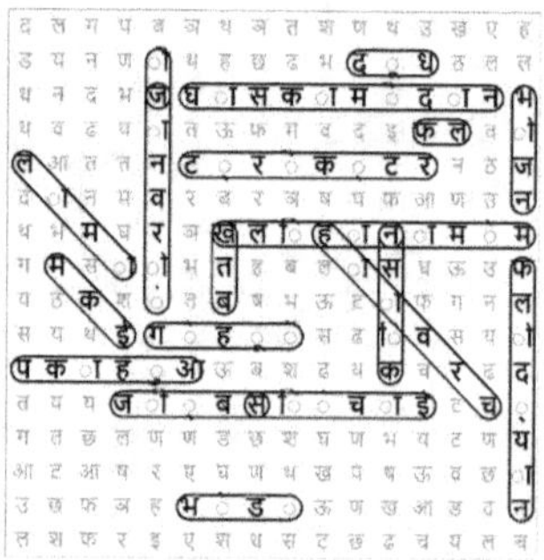

41 - Verdure

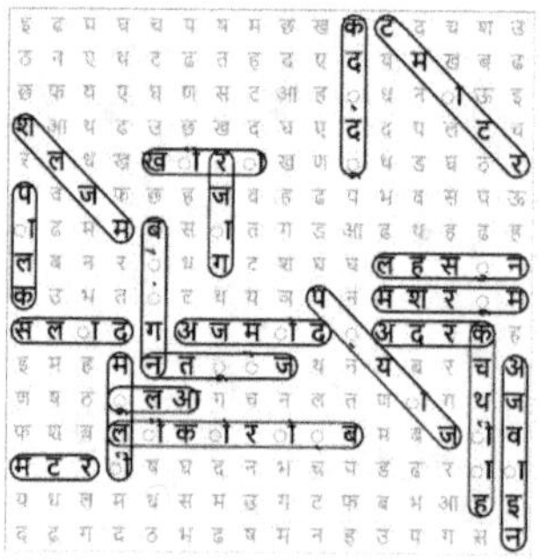

42 - Musica

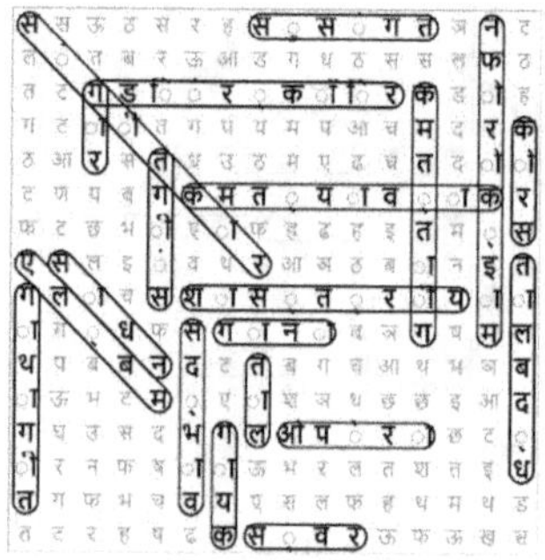

43 - Barbecue

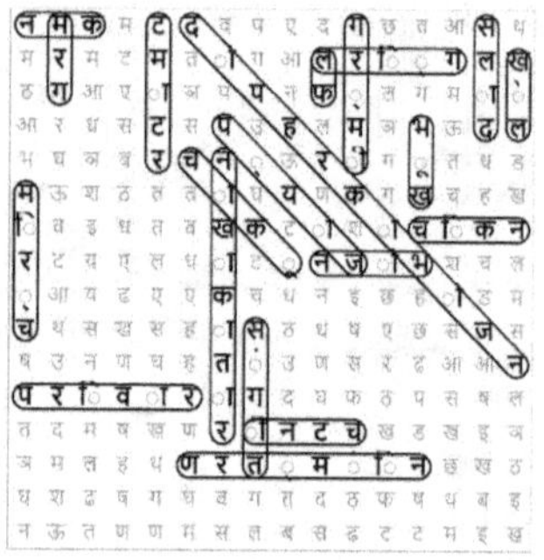

44 - Fisica

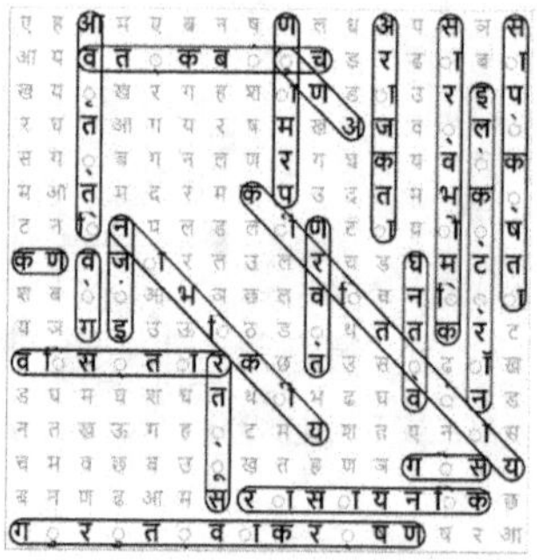

45 - Agronomia

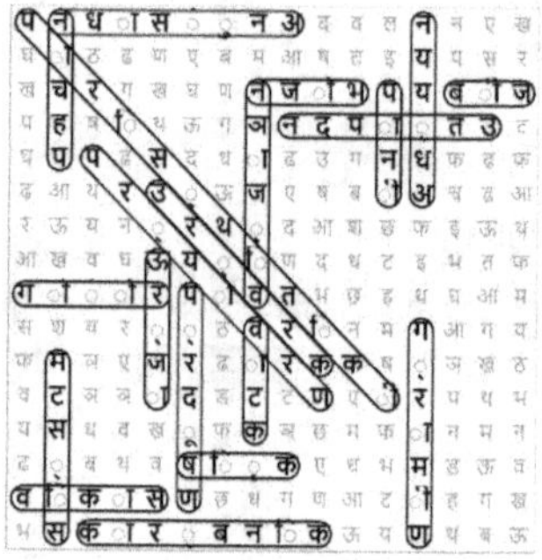

46 - Erboristeria

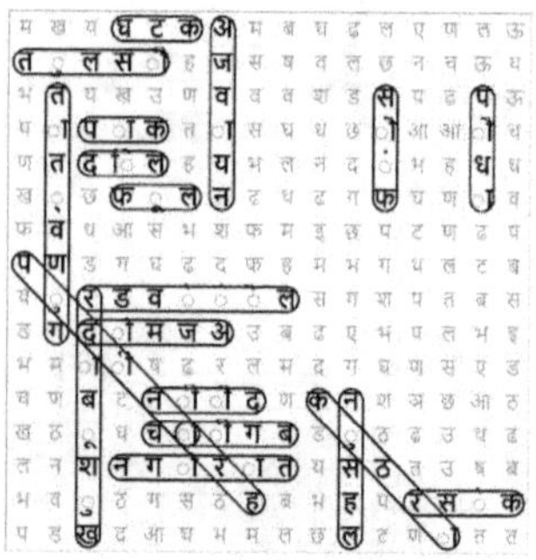

47 - Danza

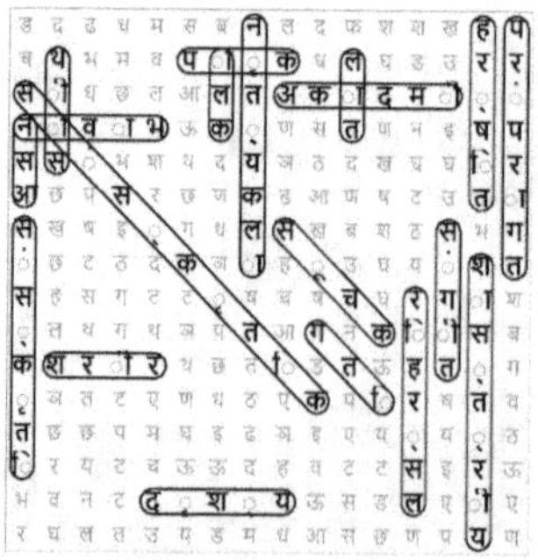

48 - Biologia

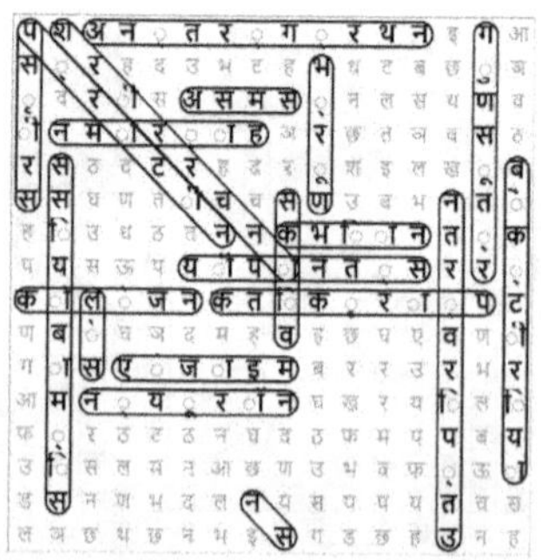

49 - Attività Commerciale

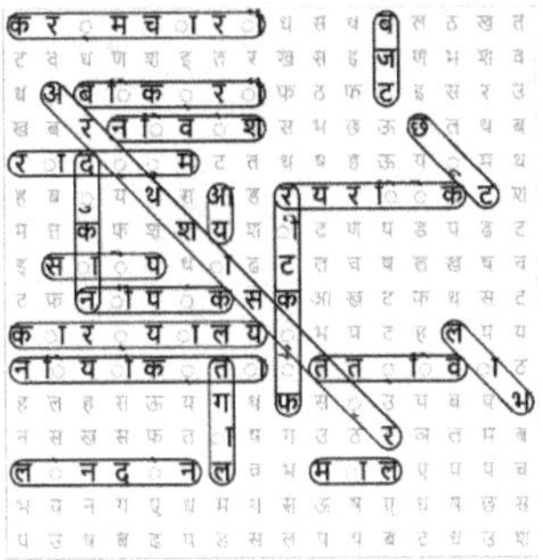

50 - Filantropia

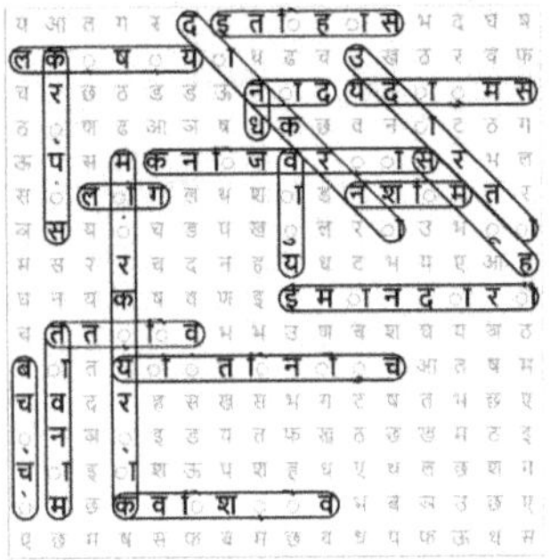

51 - Discipline Scientifiche

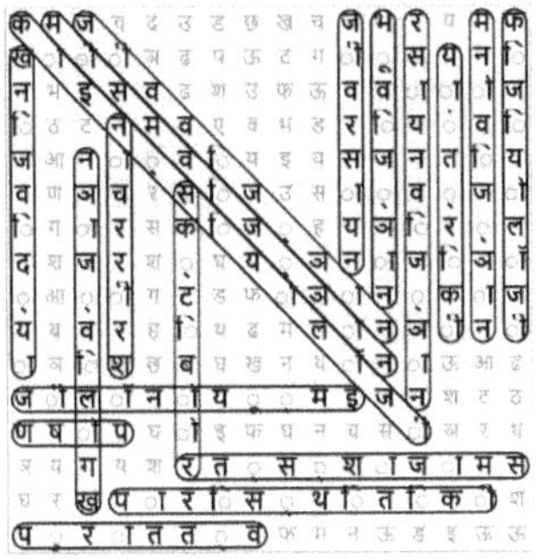

52 - Scienza

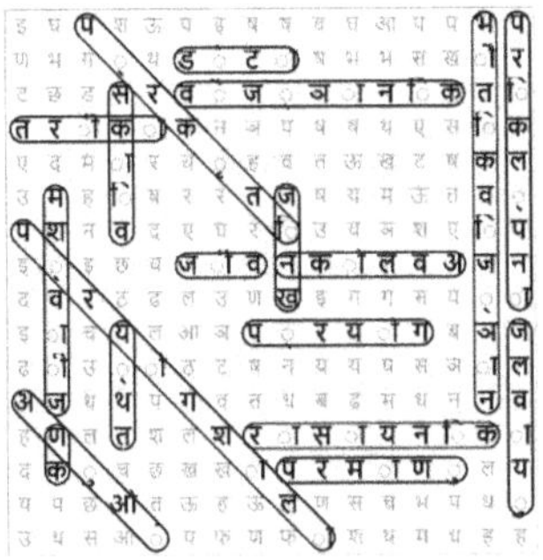

53 - Boxe

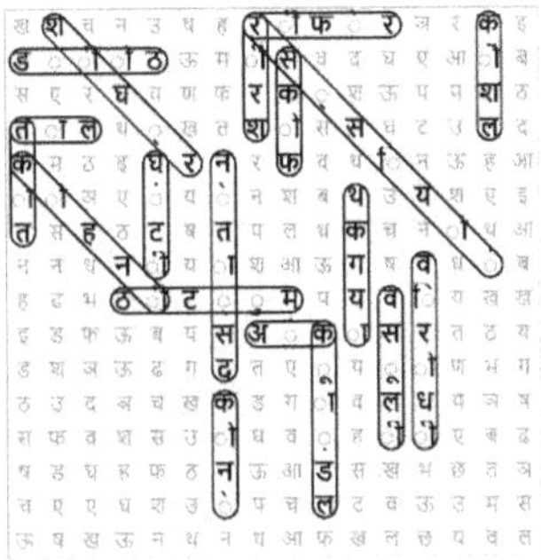

54 - Imbarcazioni

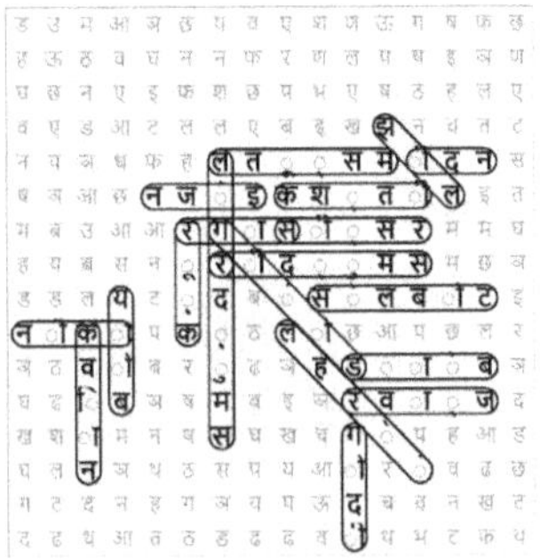

55 - Chimica

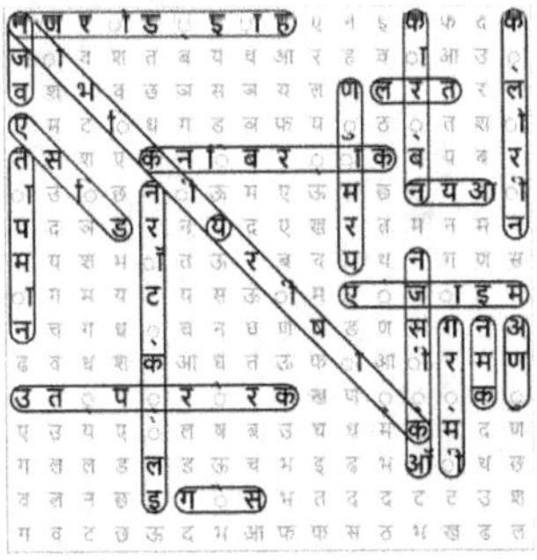

56 - Professioni #2

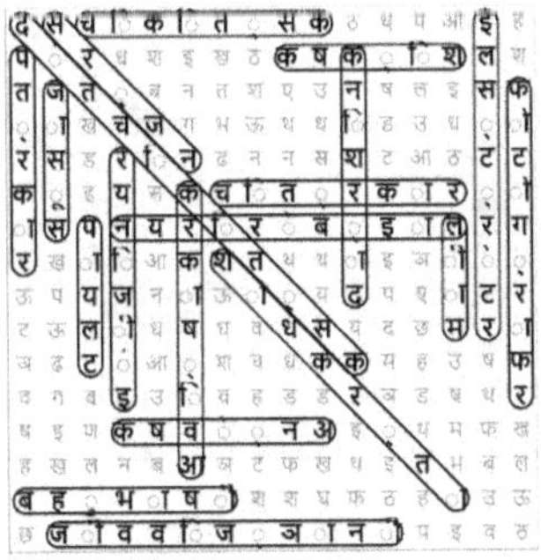

57 - Letteratura

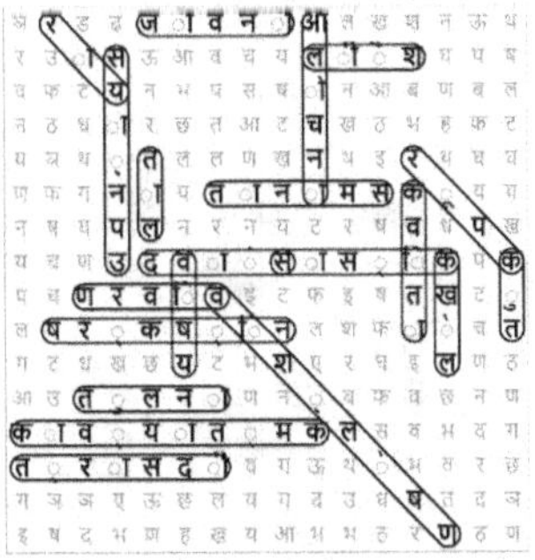

58 - Cibo #2

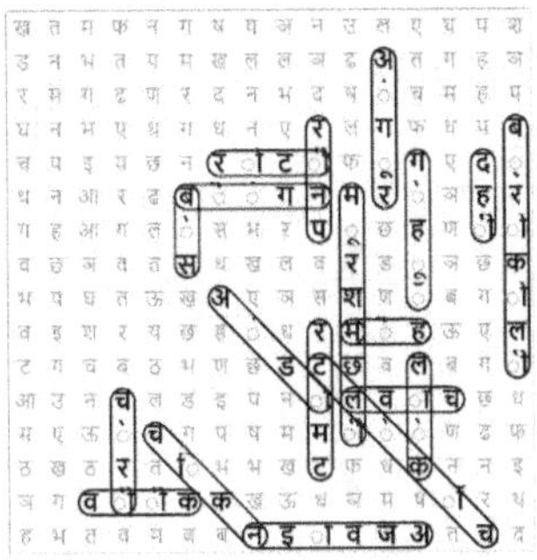

59 - Nutrizione

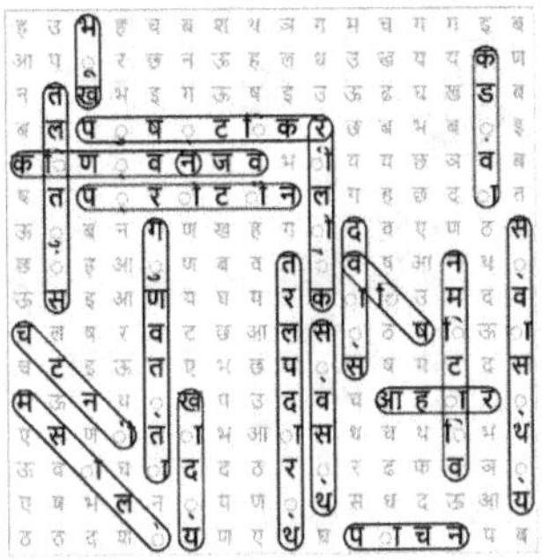

60 - Matematica

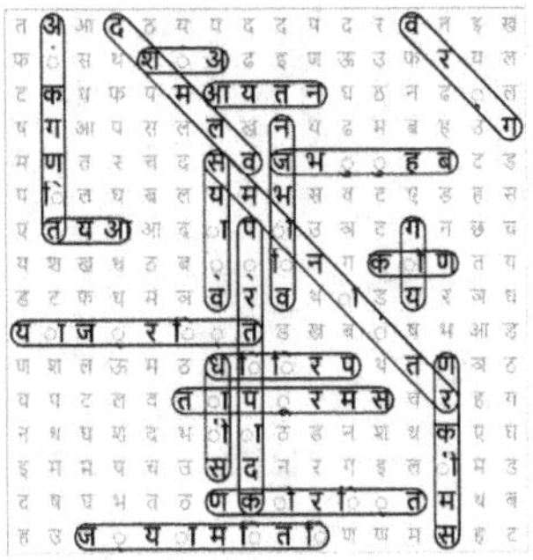

61 - Meditazione

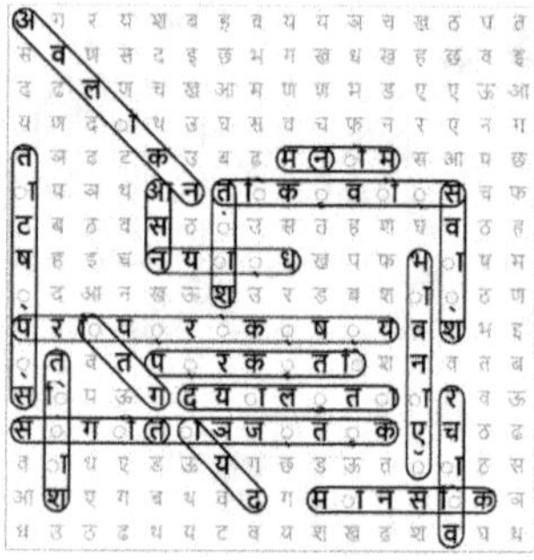

62 - Elettricità

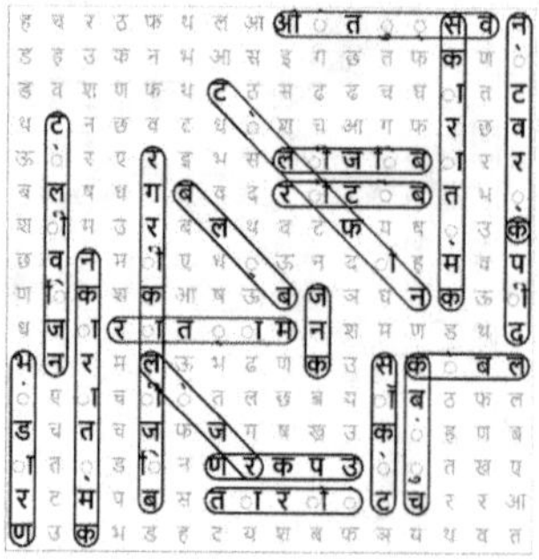

63 - Antiquariato

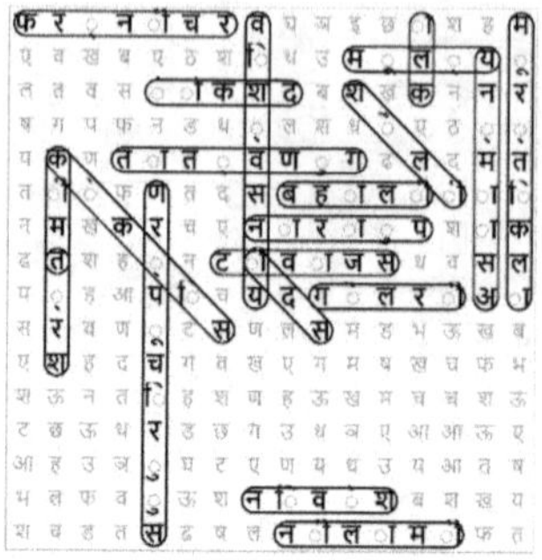

64 - Escursionismo

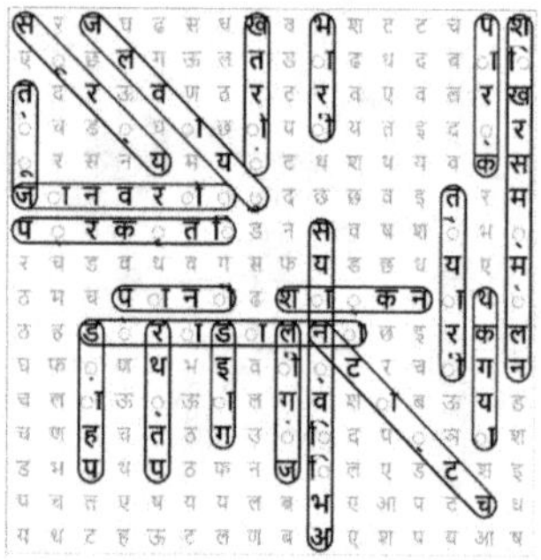

65 - Professioni #1

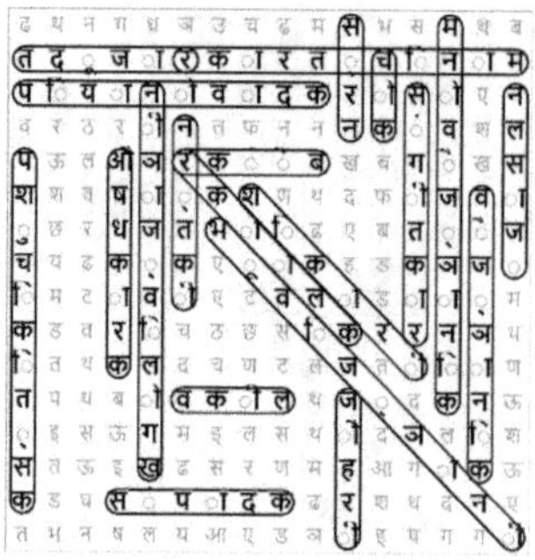

66 - Antartide

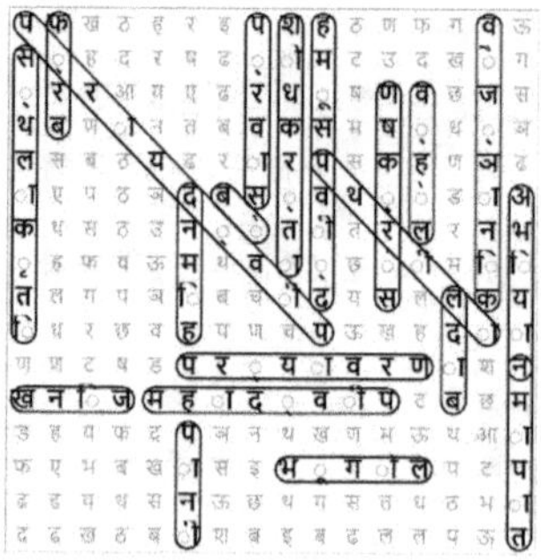

67 - Libri

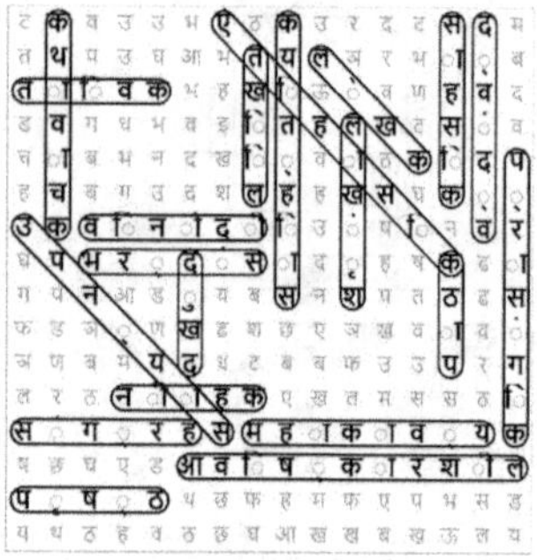

68 - Geografia

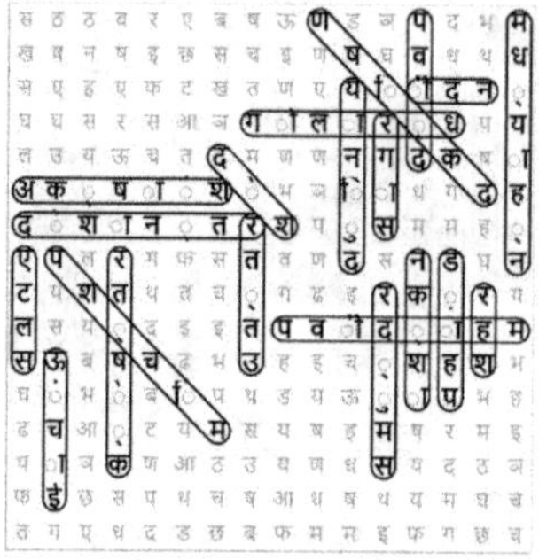

69 - Cibo #1

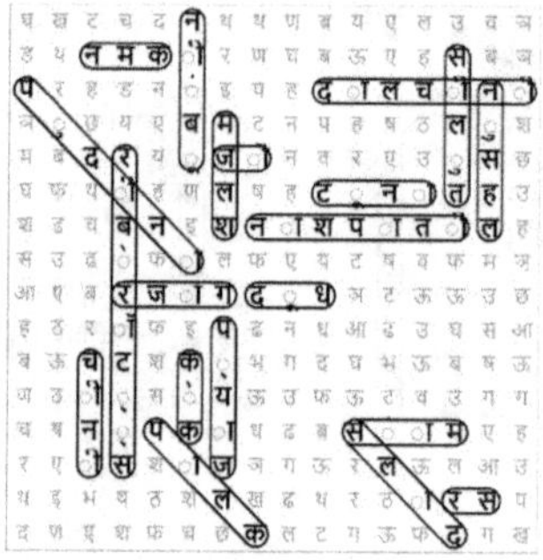

70 - Etica

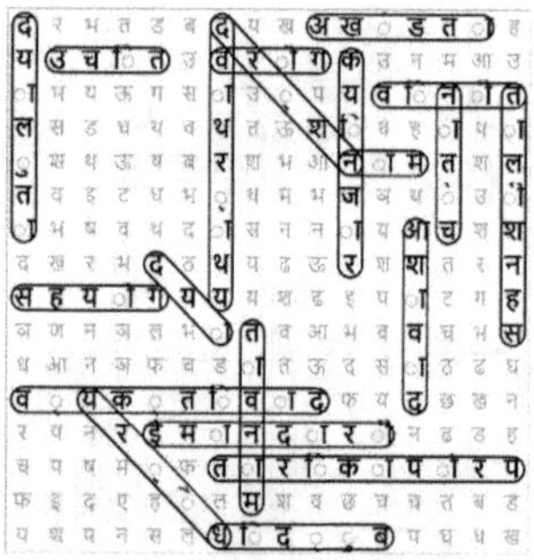

71 - Aeroplani

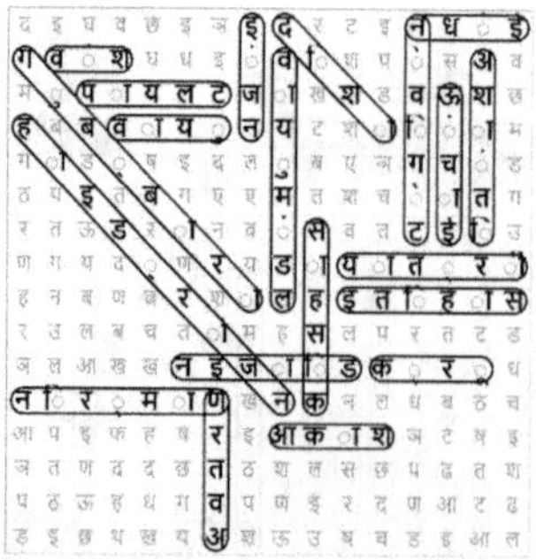

72 - Governo

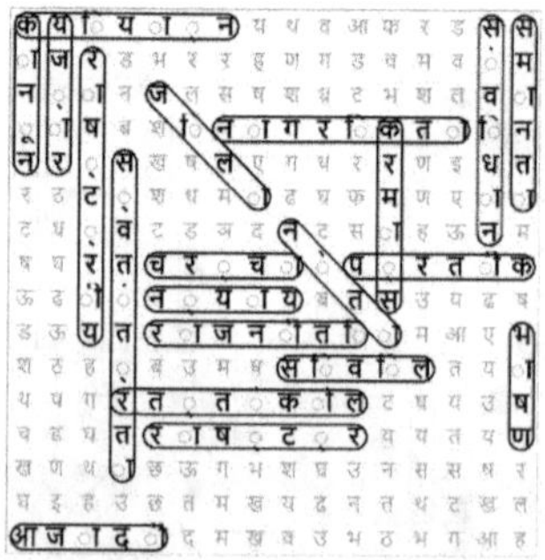

73 - Bellezza

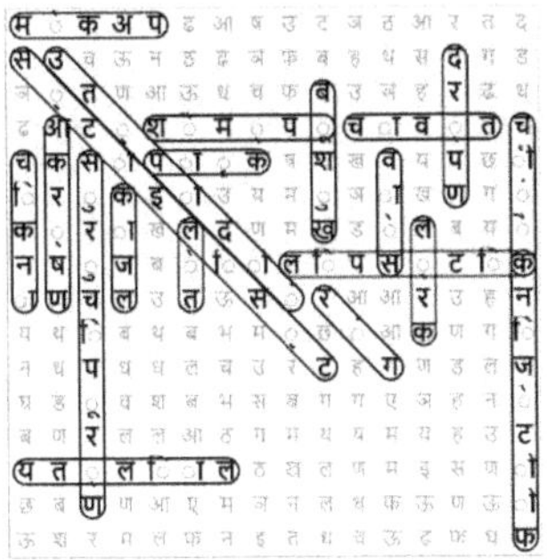

74 - Avventura

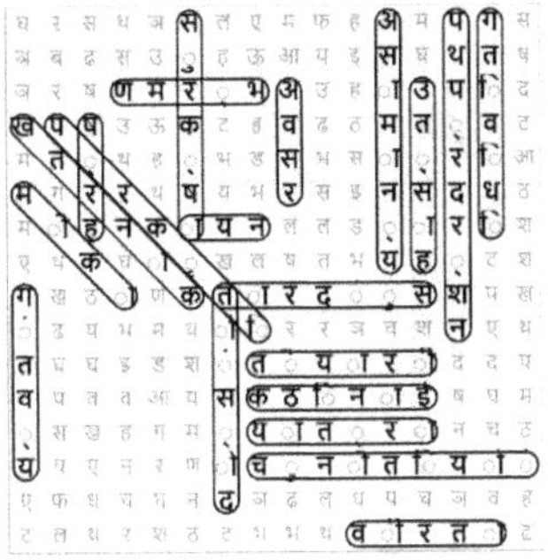

75 - Oceano

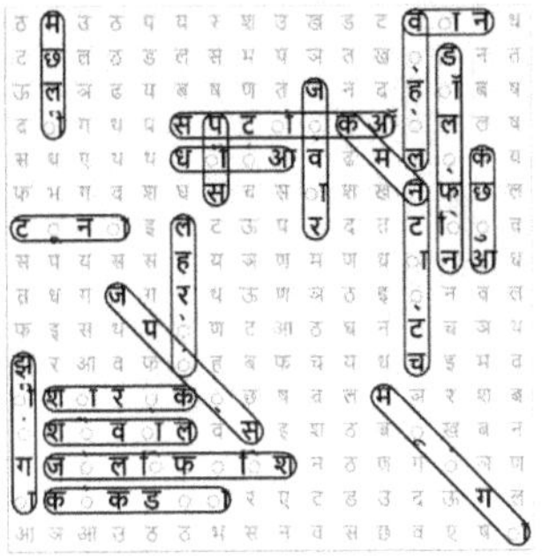

76 - Famiglia

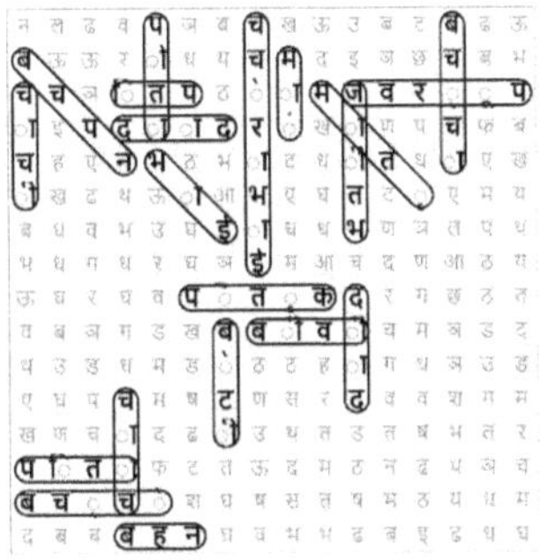

77 - Creatività

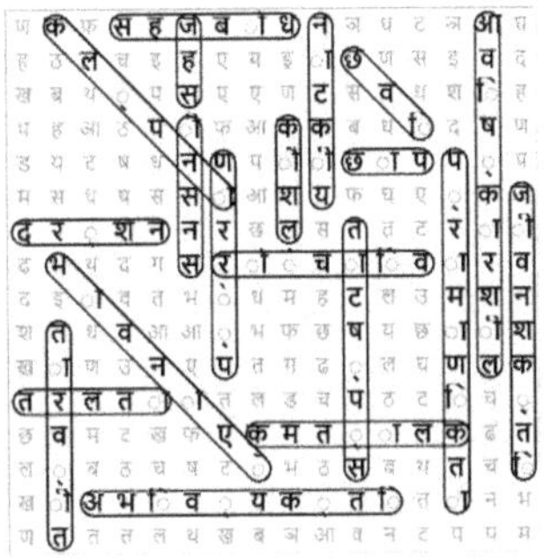

78 - Veicoli

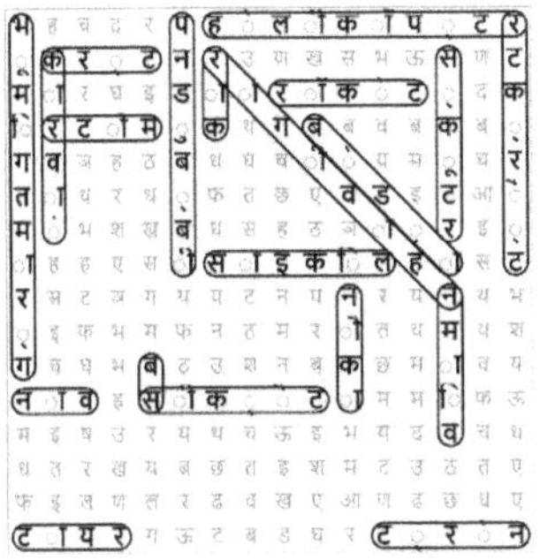

79 - Natura

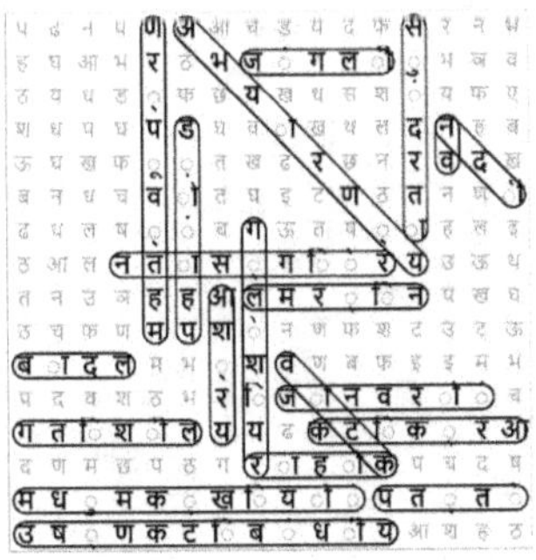

80 - Balletto

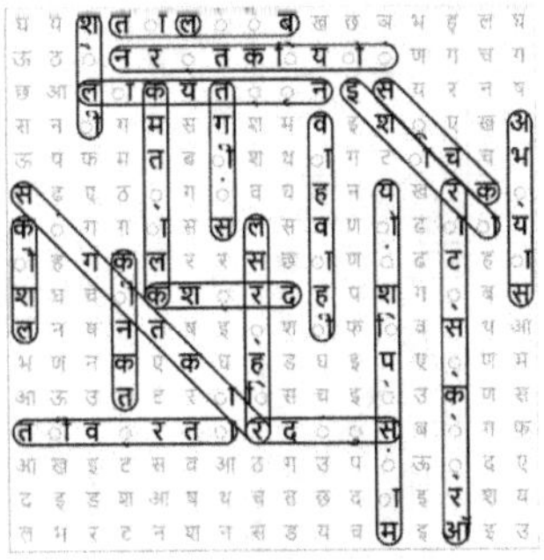

81 - Paesi #1

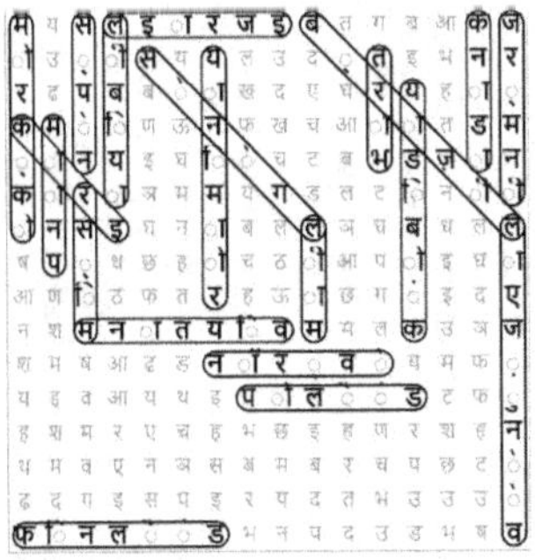

82 - Geometria

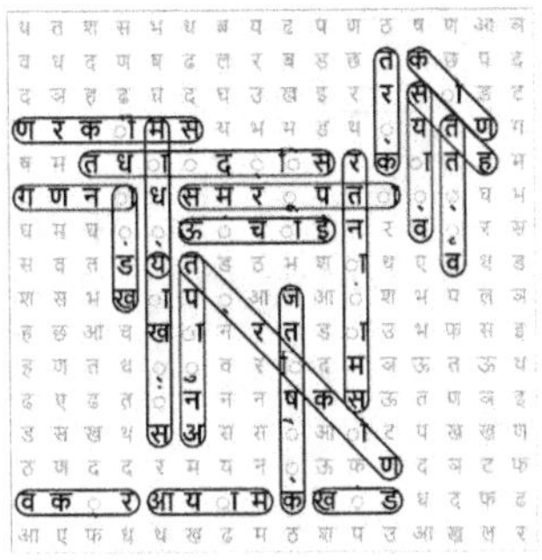

83 - Foresta Pluviale

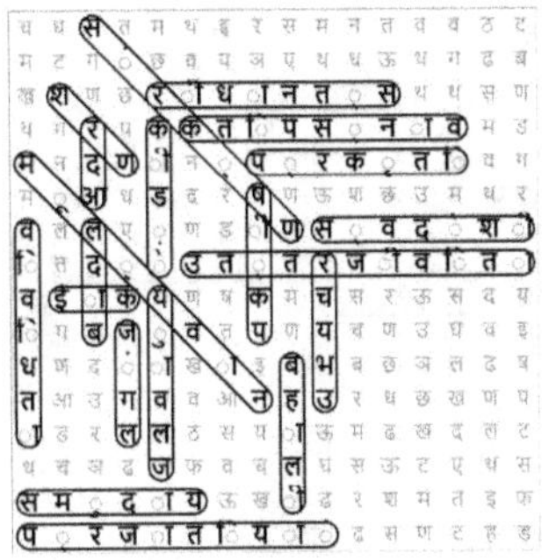

84 - Competenze Lavorative

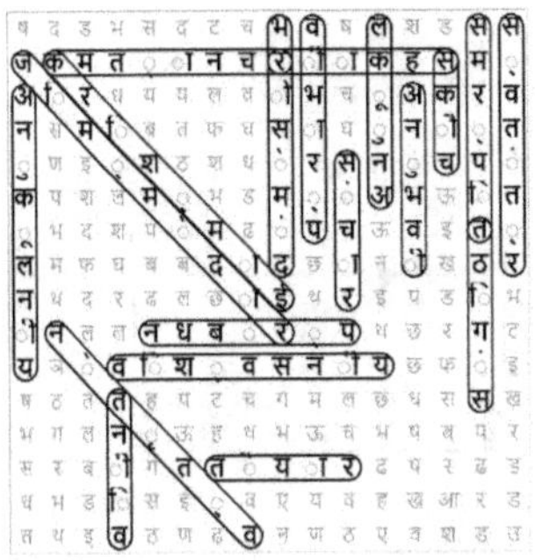

85 - Edifici

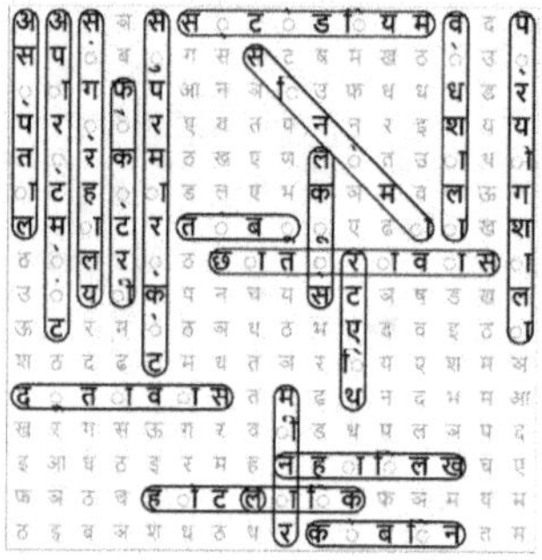

86 - Malattia

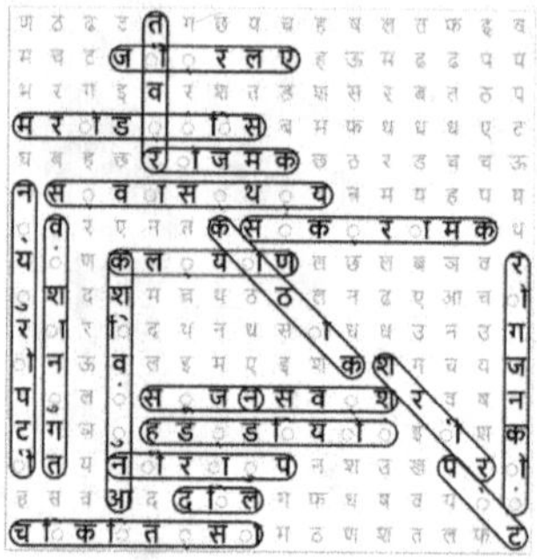

87 - Paesi #2

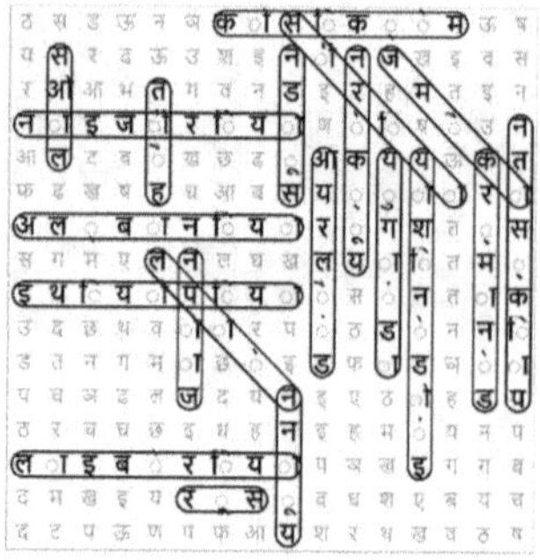

88 - Tipi di Capelli

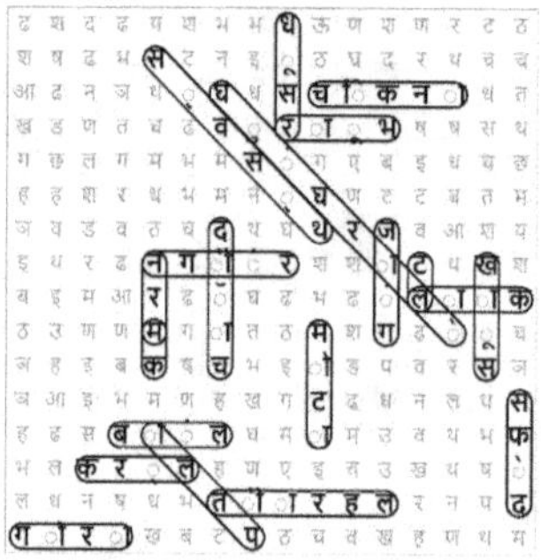

89 - Vestiti

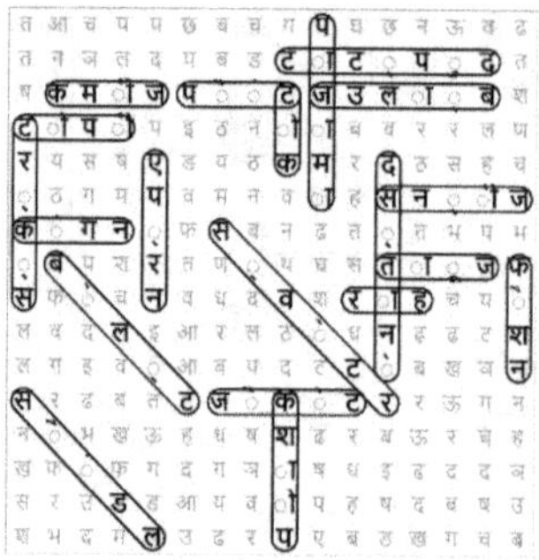

90 - Meteo

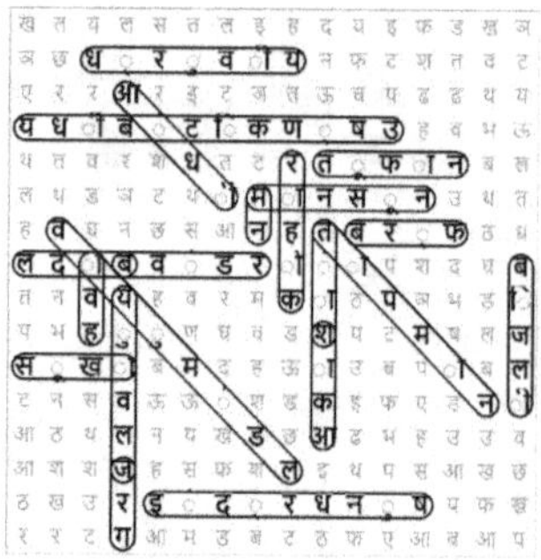

91 - Corpo Umano

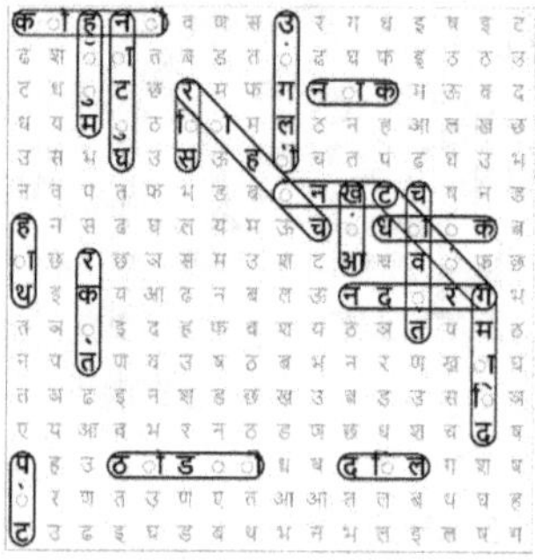

92 - Mammiferi

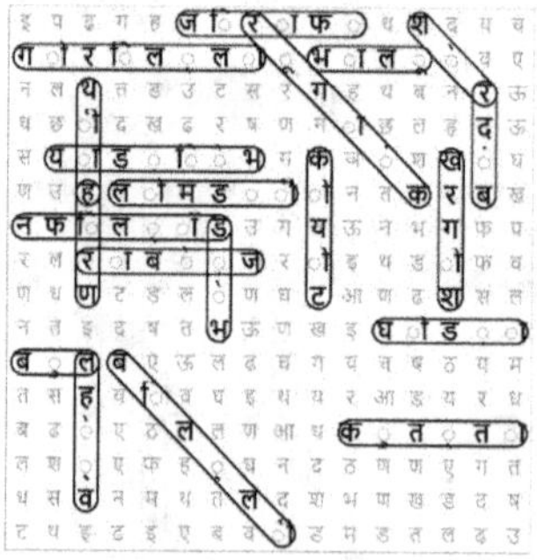

93 - Giardinaggio

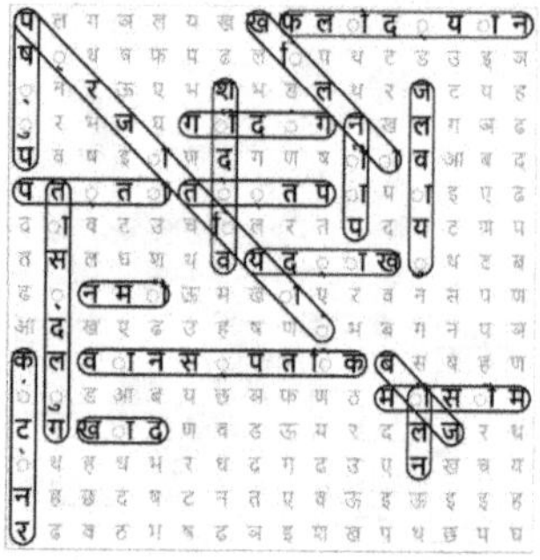

94 - Universo

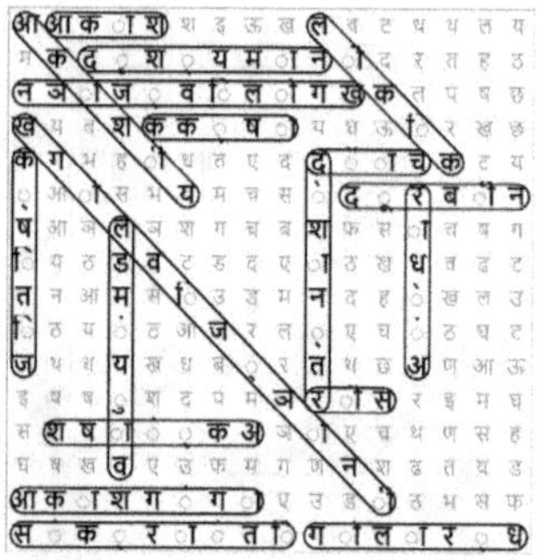

95 - Jazz

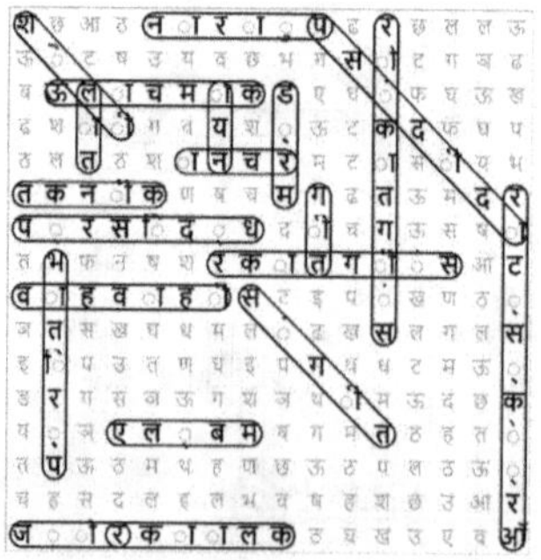

96 - Vacanze #2

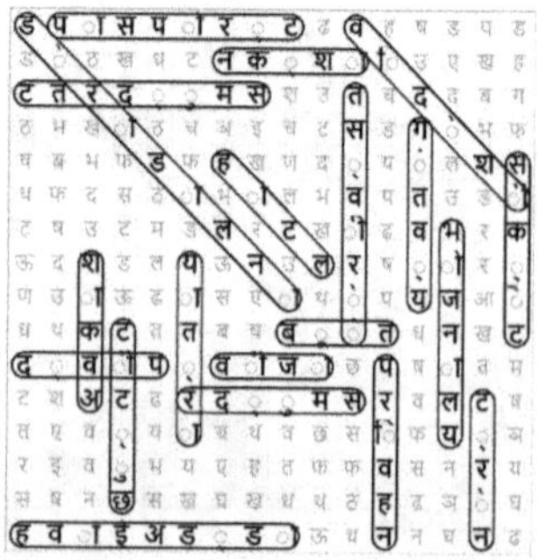

97 - Attività

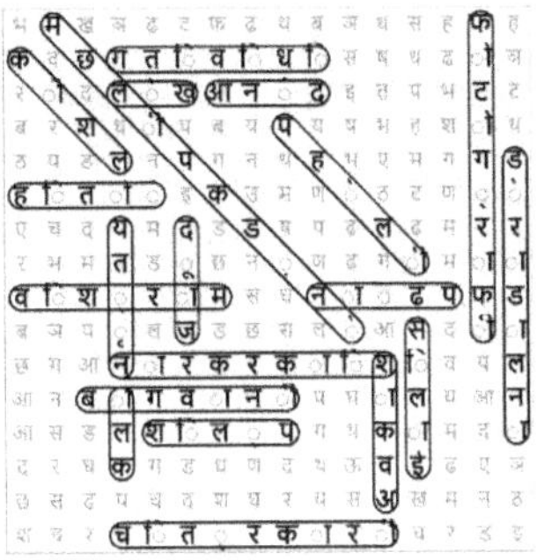

98 - Diplomazia

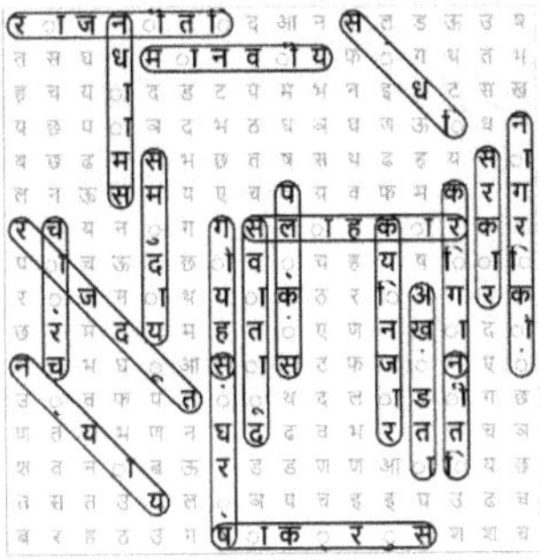

99 - Forniture Artistiche

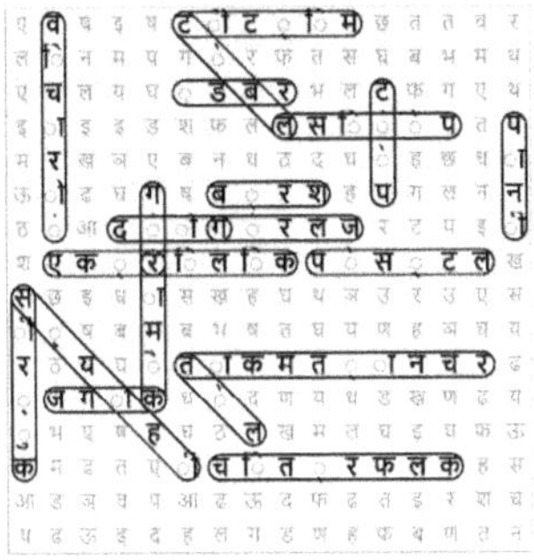

100 - Misurazioni

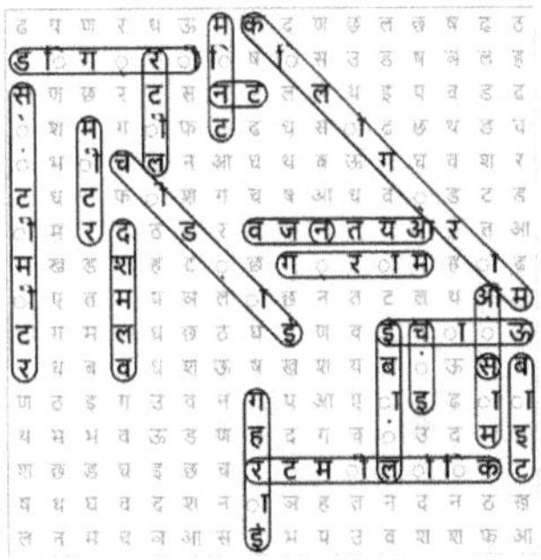

Dizionario

Aeroplani
हवाई जहाज

Altezza	ऊंचाई
Aria	वायु
Atmosfera	वायुमंडल
Atterraggio	अवतरण
Avventura	साहसकि
Carburante	ईंधन
Cielo	आकाश
Costruzione	नर्िमाण
Design	डजािइन
Direzione	दशाि
Discesa	वंश
Equipaggio	क्रू
Idrogeno	हाइड्रोजन
Motore	इंजन
Navigare	नेवगिेट
Palloncino	गुब्बारा
Passeggero	यात्री
Pilota	पायलट
Storia	इतहिास
Turbolenza	अशांतति

Aggettivi #1
वशिषण #1

Ambizioso	महत्वाकांक्षी
Aromatico	खुशबूदार
Artistico	कलात्मक
Assoluto	नरिपेक्ष
Attivo	सक्रयि
Enorme	वशिाल
Esotico	वदिशी
Generoso	उदार
Giovane	युवा
Grande	बड़ा
Identico	समान
Importante	महत्वपूर्ण
Lento	धीमा
Lungo	लंबा
Moderno	आधुनकि
Onesto	ईमानदार
Perfetto	उत्तम
Pesante	भारी
Prezioso	मूल्यवान
Sottile	पतला

Aggettivi #2
वशिषण #2

Affamato	भूखा
Asciutto	सूखा
Autentico	वश्विसनीय
Creativo	रचनात्मक
Descrittivo	वर्णनात्मक
Dolce	मठिाई
Drammatico	नाटकीय
Elegante	सुरुचपिूर्ण
Famoso	प्रसद्धि
Forte	मजबूत
Interessante	दलिचस्प
Naturale	प्राकृतकि
Normale	साधारण
Nuovo	नया
Orgoglioso	गर्व
Produttivo	उत्पादक
Puro	शुद्ध
Responsabile	जम्मिेदार
Salato	नमकीन
Sano	स्वस्थ

Agronomia
कृषविज्ञिान

Acqua	पानी
Agricoltura	कृषि
Ambiente	पर्यावरण
Cibo	भोजन
Crescita	वकिास
Ecologia	पारस्थितिकिी
Energia	ऊर्जा
Erosione	कटाव
Fertilizzante	उर्वरक
Identificazione	पहचान
Inquinamento	प्रदूषण
Malattie	रोगों
Organico	कार्बनकि
Produzione	उत्पादन
Ricerca	अनुसंधान
Rurale	ग्रामीण
Scienza	वज्ञिान
Semi	बीज
Sistemi	सस्टिम
Studio	अध्ययन

Algebra
बीजगणति

Diagramma	आरेख
Divisione	वभिाजन
Equazione	समीकरण
Esponente	प्रतपिादक
Falso	झूठा
Fattore	कारक
Formula	सूत्र
Frazione	अंश
Grafico	ग्राफ
Infinito	अनंत
Lineare	रेखीय
Matrice	मैट्रक्सि
Numero	संख्या
Parentesi	कोष्ठक
Problema	संकट
Soluzione	समाधान
Somma	योग
Sottrazione	घटाव
Variabile	चर
Zero	शून्य

Antartide
अंटार्कटकिा

Acqua	पानी
Ambiente	पर्यावरण
Baia	बे
Balene	व्हेल
Conservazione	संरक्षण
Continente	महाद्वीप
Geografia	भूगोल
Ghiacciai	हमिनद
Ghiaccio	बर्फ
Isole	द्वीप समूह
Migrazione	प्रवास
Minerali	खनजि
Nuvole	बादल
Penisola	प्रायद्वीप
Ricercatore	शोधकर्ता
Roccioso	पथरीला
Scientifico	वैज्ञानकि
Spedizione	अभयिान
Temperatura	तापमान
Topografia	स्थलाकृति

Antiquariato
प्राचीन वस्तुएँ

Arte	कला
Asta	नीलामी
Autentico	वशि्वसनीय
Condizione	शर्त
Decenni	दशकों
Decorativo	सजावटी
Elegante	सुरुचपिूर्ण
Galleria	गैलरी
Insolito	असामान्य
Investimento	नविश
Mobilio	फर्नीचर
Monete	सक्कि
Prezzo	कीमत
Qualità	गुणवत्ता
Restauro	बहाली
Scultura	मूर्तकिला
Secolo	सदी
Stile	शैली
Valore	मूल्य
Vecchio	पुराना

Archeologia
पुरातत्त्व

Analisi	वश्लिेषण
Anni	साल
Antichità	पुरातनता
Antico	प्राचीन
Civiltà	सभ्यता
Dimenticato	भुला दयि
Discendente	वंशज
Era	युग
Esperto	वशिषज्ञ
Fossile	जीवाश्म
Mistero	रहस्य
Oggetti	वस्तुओं
Ossa	हड्डयिों
Reliquia	अवशेष
Ricercatore	शोधकर्ता
Sconosciuto	अनजान
Squadra	टीम
Tempio	मंदरि
Tomba	मकबरे
Valutazione	मूल्यांकन

Astronomia
खगोल वद्यिा

Asteroide	क्षुद्रग्रह
Astronomo	खगोल वज्ञिानी
Cielo	आकाश
Cosmo	ब्रह्मांड
Costellazione	नक्षत्र
Equinozio	वषिुव
Galassia	आकाशगंगा
Gravità	गुरुत्वाकर्षण
Luna	चाँद
Meteora	उल्का
Nebulosa	नहिारकि
Osservatorio	वेधशाला
Pianeta	ग्रह
Radiazione	वकिरिण
Razzo	रॉकेट
Supernova	सुपरनोवा
Telescopio	दूरबीन
Terra	पृथ्वी
Universo	संसार
Zodiaco	राशि

Attività
गतविधियिाँ

Abilità	कौशल
Arte	कला
Artigianato	शल्पि
Attività	गतविधि
Caccia	शकिार करना
Campeggio	डेरा डालना
Cucire	सलिाई
Danza	नृत्य
Fotografia	फोटोग्राफी
Giardinaggio	बागवानी
Giochi	खेल
Interessi	हतिों
Lettura	पढ़ना
Magia	जादू
Pesca	मछली पकड़ने
Piacere	आनंद
Pittura	चत्रिकारी
Puzzle	पहेली
Rilassamento	वश्राम
Tempo Libero	अवकाश

Attività Commerciale
व्यापार

Bilancio	बजट
Carriera	कैरयिर
Costo	लागत
Datore di Lavoro	नयिोक्ता
Dipendente	कर्मचारी
Economia	अर्थशास्त्र
Fabbrica	फैक्टरी
Finanza	वत्ति
Investimento	नविश
Merce	माल
Negozio	दुकान
Profitto	लाभ
Reddito	आय
Sconto	छूट
Società	कंपनी
Soldi	पैसा
Transazione	लेन-देन
Ufficio	कार्यालय
Valuta	मुद्रा
Vendita	बक्रिी

Avventura
साहसकि कार्य

Amici	दोस्तों
Attività	गतविधि
Bellezza	सुंदरता
Caso	मौका
Coraggio	वीरता
Destinazione	गंतव्य
Difficoltà	कठनिाई
Entusiasmo	उत्साह
Escursione	भ्रमण
Gioia	हर्ष
Insolito	असामान्य
Natura	प्रकृति
Navigazione	पथ प्रदर्शन
Nuovo	नया
Opportunità	अवसर
Pericoloso	खतरनाक
Preparazione	तैयारी
Sfide	चुनौतयिों
Sicurezza	सुरक्षा
Viaggi	यात्रा

Balletto
बैले

Abilità	कौशल
Applauso	वाहवाही
Artistico	कलात्मक
Ballerina	बैले
Ballerini	नर्तकियों
Compositore	संगीतकार
Coreografia	नृत्यकला
Espressivo	सूचक
Gesto	इशारा
Grazioso	सुंदर
Intensità	तीव्रता
Muscoli	मांसपेशियों
Musica	संगीत
Orchestra	ऑर्केस्ट्रा
Pratica	अभ्यास
Prova	रिहर्सल
Pubblico	दर्शक
Ritmo	ताल
Stile	शैली
Tecnica	तकनीक

Barbecue
बारबेक्यू

Caldo	गरम
Cena	रात का खाना
Cibo	भोजन
Cipolle	प्याज
Coltelli	चाकू
Estate	गर्मी
Fame	भूख
Famiglia	परिवार
Frutta	फल
Giochi	खेल
Griglia	ग्रिल
Insalate	सलाद
Invito	निमंत्रण
Musica	संगीत
Pepe	मिर्च
Pollo	चिकन
Pomodori	टमाटर
Pranzo	दोपहर का भोजन
Sale	नमक
Salsa	चटनी

Bellezza
ब्यूटी

Colore	रंग
Elegante	सुरुचिपूर्ण
Eleganza	लालित्य
Fascino	आकर्षण
Forbici	कैंची
Fotogenico	फोटोजेनिक
Fragranza	खुशबू
Grazia	कृपा
Liscio	चिकना
Mascara	काजल
Oli	तेल
Pelle	त्वचा
Prodotti	उत्पादों
Riccioli	कर्ल
Rossetto	लिपस्टिक
Servizi	सेवा
Shampoo	शैम्पू
Specchio	दर्पण
Stilista	स्टाइलिस्ट
Trucco	मेकअप

Biologia
जीवविज्ञान

Anatomia	शरीर रचना
Batteri	बैक्टीरिया
Cellula	सेल
Collagene	कोलेजन
Cromosoma	गुणसूत्र
Embrione	भ्रूण
Enzima	एंजाइम
Evoluzione	विकास
Mammifero	स्तनपायी
Mutazione	उत्परिवर्तन
Naturale	प्राकृतिक
Nervo	नस
Neurone	न्यूरॉन
Nucleo	नाभिक
Ormone	हार्मोन
Osmosi	असमस
Proteina	प्रोटीन
Rettile	सरीसृप
Simbiosi	सम्बायोसिस
Sinapsi	अन्तर्ग्रथन

Boxe
मुक्केबाज़ी

Abilità	कौशल
Angolo	कोने
Arbitro	रेफरी
Avversario	विरोधी
Calcio	लात
Campana	घंटी
Combattente	लड़ाकू
Corde	रस्सियों
Corpo	शरीर
Esaurito	थक गया
Forza	ताकत
Fuoco	फोकस
Gomito	कोहनी
Guanti	दस्ताने
Mento	ठोड़ी
Pugno	मुट्ठी
Punti	अंक
Rapido	शीघ्र
Recupero	वसूली

Caffè
कॉफ़ी

Acido	अम्लीय
Acqua	पानी
Amaro	कड़वा
Aroma	सुगंध
Arrostito	भुना हुआ
Bevanda	पेय
Caffeina	कैफीन
Crema	मलाई
Filtro	छानना
Gusto	स्वाद
Latte	दूध
Liquido	तरल
Macinare	पीस
Mattina	सुबह
Nero	काला
Origine	मूल
Prezzo	कीमत
Tazza	कप
Varietà	विविधिता
Zucchero	चीनी

Campeggio
कैम्पिंग

Alberi	पेड़
Amaca	झूला
Animali	जानवरों
Avventura	साहसिक
Bussola	दिक्सूचक
Cabina	केबिन
Caccia	शिकार करना
Canoa	डोंगी
Cappello	टोपी
Corda	रस्सी
Divertimento	मज़ा
Foresta	वन
Fuoco	आग
Insetto	कीट
Lago	झील
Luna	चाँद
Mappa	नक्शा
Montagna	पहाड़
Natura	प्रकृति
Tenda	तंबू

Casa
हाउस

Attico	अटारी
Biblioteca	पुस्तकालय
Camera	कक्ष
Camino	चिमनी
Chiavi	कुंजी
Cucina	रसोई
Doccia	बौछार
Finestra	खिड़की
Garage	गैरेज
Giardino	बगीचा
Lampada	दीपक
Parete	दीवार
Pavimento	तल
Porta	दरवाजा
Recinto	बाड़
Rubinetto	नल
Scopa	झाड़ू
Specchio	दर्पण
Tappeto	गलीचा
Tetto	छत

Chimica
रसायन विज्ञान

Acido	एसिड
Alcalino	क्षारीय
Atomico	परमाणु
Calore	गर्मी
Carbonio	कार्बन
Catalizzatore	उत्प्रेरक
Cloro	क्लोरीन
Elettrone	इलेक्ट्रॉन
Enzima	एंजाइम
Gas	गैस
Idrogeno	हाइड्रोजन
Ione	आयन
Liquido	तरल
Molecola	अणु
Nucleare	नाभिकीय
Organico	कार्बनिक
Ossigeno	ऑक्सीजन
Peso	वजन
Sale	नमक
Temperatura	तापमान

Cibo #1
खाना #1

Aglio	लहसुन
Basilico	तुलसी
Cannella	दालचीनी
Carne	मांस
Carota	गाजर
Cipolla	प्याज
Fragola	स्ट्रॉबेरी
Insalata	सलाद
Latte	दूध
Limone	नींबू
Menta	पुदीना
Orzo	जौ
Pera	नाशपाती
Rapa	शलजम
Sale	नमक
Spinaci	पालक
Succo	रस
Tonno	टूना
Torta	केक
Zucchero	चीनी

Cibo #2
खाना #2

Banana	केला
Broccolo	ब्रोकोली
Ciliegia	चेरी
Cioccolato	चॉकलेट
Formaggio	पनीर
Fungo	मशरूम
Grano	गेहूँ
Kiwi	कीवी
Mela	सेब
Melanzana	बैंगन
Pane	रोटी
Pesce	मछली
Pollo	चिकन
Pomodoro	टमाटर
Prosciutto	हैम
Riso	चावल
Sedano	अजवाइन
Uovo	अंडा
Uva	अंगूर
Yogurt	दही

Cioccolato
चॉकलेट

Amaro	कड़वा
Antiossidante	एंटीऑक्सीडेंट
Arachidi	मूंगफली
Aroma	सुगंध
Artigianale	कुटीर
Cacao	कोको
Calorie	कैलोरी
Caramella	कैंडी
Delizioso	स्वादिष्ट
Dolce	मिठाई
Esotico	विदेशी
Gusto	स्वाद
Ingrediente	घटक
Noce di Cocco	नारियल
Polvere	पाउडर
Preferito	प्रिय
Qualità	गुणवत्ता
Ricetta	विधि
Zucchero	चीनी

Città
नगर

Aeroporto	हवाई अड्डा
Banca	बैंक
Biblioteca	पुस्तकालय
Cinema	सनिमा
Clinica	कलनिकि
Farmacia	फार्मेसी
Fiorista	फूलवाला
Galleria	गैलरी
Hotel	होटल
Mercato	बाजार
Museo	संग्रहालय
Negozio	दुकान
Panetteria	बेकरी
Ristorante	भोजनालय
Scuola	स्कूल
Stadio	स्टेडयिम
Supermercato	सुपरमार्केट
Teatro	थएिटर
Università	वशि्ववदि्यालय
Zoo	चड़ियाघर

Competenze Lavorative
नौकरी कौशल

Adattabile	अनुकूलनीय
Affidabile	भरोसेमंद
Amichevole	अनुकूल
Attento	चौकस
Autentico	वशि्वसनीय
Carismatico	करशि्माई
Comunicazione	संचार
Cooperativa	सहकारी
Creativo	रचनात्मक
Dedicato	समर्पति
Efficace	प्रभावी
Esperto	अनुभवी
Gestione	प्रबंधन
Indipendente	स्वतंत्र
Leadership	नेतृत्व
Organizzato	संगठति
Preparato	तैयार
Responsabile	जमि्मेदार
Rispettoso	वनिीत

Corpo Umano
मानव शरीर

Bocca	मुँह
Caviglia	टखने
Cervello	दमिाग
Collo	गर्दन
Cuore	दलि
Dito	उंगली
Faccia	चेहरा
Gamba	टांग
Ginocchio	घुटना
Gomito	कोहनी
Mano	हाथ
Mento	ठोड़ी
Naso	नाक
Occhio	आंख
Orecchio	कान
Pelle	त्वचा
Sangue	रक्त
Spalla	कंधा
Stomaco	पेट
Testa	सरि

Creatività
क्रएिटविटिी

Abilità	कौशल
Artistico	कलात्मक
Autenticità	प्रामाणकिता
Chiarezza	स्पष्टता
Drammatico	नाटकीय
Emozioni	भावनाएँ
Espressione	अभवि्यक्ति
Fluidità	तरलता
Idee	वचिारों
Immaginazione	कल्पना
Immagine	छवि
Impressione	छाप
Intensità	तीव्रता
Intuizione	सहज बोध
Inventivo	आवष्किारशील
Ispirazione	प्रेरणा
Sensazione	सनसनी
Spontaneo	सहज
Visioni	दर्शन
Vitalità	जीवन शक्ति

Danza
नृत्य

Accademia	अकादमी
Arte	कला
Classico	शास्त्रीय
Compagno	साथी
Coreografia	नृत्यकला
Corpo	शरीर
Cultura	संस्कृति
Culturale	सांस्कृतकि
Emozione	भावना
Espressivo	सूचक
Gioioso	हर्षति
Grazia	कृपा
Movimento	गति
Musica	संगीत
Postura	आसन
Prova	रहिर्सल
Ritmo	ताल
Tradizionale	परंपरागत
Visivo	दृश्य

Diplomazia
कूटनीति

Ambasciata	दूतावास
Ambasciatore	राजदूत
Cittadini	नागरकिों
Civico	नागरकि
Comunità	समुदाय
Conflitto	संघर्ष
Consigliere	सलाहकार
Cooperazione	सहयोग
Diplomatico	राजनयकि
Discussione	चर्चा
Etica	नीति
Giustizia	न्याय
Governo	सरकार
Integrità	अखंडता
Politica	राजनीति
Risoluzione	संकल्प
Sicurezza	सुरक्षा
Soluzione	समाधान
Trattato	संधि
Umanitario	मानवीय

Discipline Scientifiche
वैज्ञानिक अनुशासन

Anatomia	शरीर रचना
Archeologia	पुरातत्व
Astronomia	खगोल विज्ञान
Biochimica	जीव रसायन
Biologia	जीवविज्ञान
Chimica	रसायन विज्ञान
Ecologia	पारिस्थितिकी
Fisiologia	फिजियोलॉजी
Geologia	भूविज्ञान
Immunologia	इम्यूनोलॉजी
Kinesiologia	काइन्सियोलॉजी
Linguistica	भाषाविज्ञान
Meccanica	यांत्रिकी
Meteorologia	मौसम विज्ञान
Mineralogia	खनिज विद्या
Nutrizione	पोषण
Psicologia	मनोविज्ञान
Robotica	रोबोटिक्स
Sociologia	समाज शास्त्र
Termodinamica	ऊष्मप्रवैगिकी

Edifici
इमारतें

Ambasciata	दूतावास
Appartamento	अपार्टमेंट
Cabina	केबिन
Castello	किला
Cinema	सिनेमा
Fabbrica	फैक्टरी
Fienile	खलिहान
Hotel	होटल
Laboratorio	प्रयोगशाला
Museo	संग्रहालय
Ospedale	अस्पताल
Osservatorio	वेधशाला
Ostello	छात्रावास
Scuola	स्कूल
Stadio	स्टेडियम
Supermercato	सुपरमार्केट
Teatro	थिएटर
Tenda	तंबू
Torre	मीनार
Università	विश्वविद्यालय

Elettricità
बिजली

Attrezzatura	उपकरण
Batteria	बैटरी
Cavo	केबल
Conservazione	भंडारण
Elettricista	बिजली कारीगर
Elettrico	बिजली
Fili	तारों
Generatore	जनक
Lampada	दीपक
Lampadina	बल्ब
Laser	लेजर
Magnete	चुंबक
Negativo	नकारात्मक
Oggetti	वस्तुओं
Positivo	सकारात्मक
Presa	सॉकेट
Quantità	मात्रा
Rete	नेटवर्क
Telefono	टेलीफोन
Televisione	टेलीविजन

Energia
ऊर्जा

Ambiente	पर्यावरण
Batteria	बैटरी
Benzina	गैसोलीन
Calore	गर्मी
Carbonio	कार्बन
Carburante	ईंधन
Diesel	डीजल
Elettrico	बिजली
Elettrone	इलेक्ट्रॉन
Entropia	उत्क्रम-माप
Fotone	फोटोन
Idrogeno	हाइड्रोजन
Industria	उद्योग
Inquinamento	प्रदूषण
Motore	मोटर
Nucleare	नाभिकीय
Rinnovabile	अक्षय
Turbina	टरबाइन
Vapore	भाप
Vento	हवा

Erboristeria
हर्बलिज्म

Aglio	लहसुन
Aneto	दिल
Aromatico	खुशबूदार
Basilico	तुलसी
Culinario	पाक
Dragoncello	तारगोन
Finocchio	सौंफ
Fiore	फूल
Giardino	बगीचा
Ingrediente	घटक
Lavanda	लैवेंडर
Maggiorana	कुठरा
Menta	पुदीना
Pianta	पौधा
Prezzemolo	अजमोद
Qualità	गुणवत्ता
Rosmarino	दौनी
Timo	अजवायन
Verde	हरा
Zafferano	केसर

Escursionismo
लंबी पैदल यात्रा

Acqua	पानी
Animali	जानवरों
Campeggio	डेरा डालना
Clima	जलवायु
Guide	गाइड
Mappa	नक्शा
Montagna	पहाड़
Natura	प्रकृति
Orientamento	अभिविन्यास
Parchi	पार्क
Pericoli	खतरों
Pesante	भारी
Pietre	पत्थर
Preparazione	तैयारी
Scogliera	चट्टान
Selvaggio	जंगली
Sole	सूर्य
Stanco	थक गया
Stivali	जूते
Vertice	शिखर सम्मेलन

Etica
आचार

Altruismo	परोपकारति
Compassione	दया
Cooperazione	सहयोग
Dignità	गौरव
Diplomatico	राजनयकि
Filosofia	दर्शन
Gentilezza	दयालुता
Individualismo	व्यक्तविाद
Integrità	अखंडता
Onestà	ईमानदारी
Ottimismo	आशावाद
Pazienza	धैर्य
Ragionevole	उचति
Razionalità	चेतना
Realismo	यथार्थवाद
Rispettoso	वनिीत
Saggezza	बुद्धि
Tolleranza	सहनशीलता
Umanità	मानवता
Valori	मान

Famiglia
परविार

Antenato	पूर्वज
Bambini	बच्चे
Bambino	बच्चा
Cugino	चचेरा भाई
Figlia	बेटी
Fratello	भाई
Infanzia	बचपन
Madre	मां
Marito	पति
Materno	मातृ
Moglie	बीवी
Nipote	भतीजा
Nipote	पोता
Nonna	दादी
Nonno	दादा
Padre	पिता
Paterno	पैतृक
Sorella	बहन
Zia	चाची
Zio	चाचा

Fantascienza
कल्पति वज्ञिान

Atomico	परमाणु
Cinema	सनिमा
Distopia	डायस्टोपयिा
Esplosione	वस्फिोट
Estremo	चरम
Fantastico	शानदार
Fuoco	आग
Futuristico	फ्यूचरस्टिकि
Galassia	आकाशगंगा
Illusione	भ्रम
Immaginario	काल्पनकि
Libri	पुस्तकें
Misterioso	रहस्यमय
Mondo	दुनयाि
Oracolo	आकाशवाणी
Pianeta	ग्रह
Realistico	यथार्थवादी
Robot	रोबोट
Tecnologia	प्रौद्योगकिी
Utopia	आदर्शलोक

Fattoria #1
फार्म #1

Acqua	पानी
Agricoltura	कृषि
Ape	मधुमक्खी
Asino	गधा
Campo	खेत
Cane	कुत्ता
Capra	बकरी
Cavallo	घोड़ा
Fertilizzante	उर्वरक
Fieno	घास
Gatto	बल्लिी
Gregge	झुंड
Maiale	सूअर
Miele	शहद
Mucca	गाय
Pollo	चकिन
Recinto	बाड़
Riso	चावल
Semi	बीज
Vitello	बछड़ा

Fattoria #2
फार्म #2

Agnello	मेमना
Agricoltore	कसिान
Anatra	बतख
Animali	जानवरों
Cibo	भोजन
Fienile	खलहिान
Frutta	फल
Frutteto	फलोद्यान
Grano	गेहूँ
Irrigazione	सचिाई
Lama	लामा
Latte	दूध
Mais	मकई
Maturo	पका हुआ
Orzo	जौ
Pastore	चरवाहा
Pecora	भेड़
Prato	घास का मैदान
Trattore	ट्रैक्टर
Verdura	सब्जी

Filantropia
परोपकार

Bambini	बच्चे
Carità	दान
Comunità	समुदाय
Contatti	संपर्क
Donare	दान करना
Finanza	वत्ति
Fondi	धन
Generosità	उदारता
Gioventù	युवा
Globale	वैश्वकि
Gruppi	समूह
Missione	मशिन
Obiettivi	लक्ष्य
Onestà	ईमानदारी
Persone	लोग
Programmi	कार्यक्रमों
Pubblico	सार्वजनकि
Sfide	चुनौतयिों
Storia	इतहिास
Umanità	मानवता

Fisica
भौतिकि वज्ञिान

Accelerazione	त्वरण
Atomo	परमाणु
Caos	अराजकता
Chimico	रासायनकि
Densità	घनत्व
Elettrone	इलेक्ट्रॉन
Espansione	वस्तिार
Formula	सूत्र
Frequenza	आवृत्ति
Gas	गैस
Gravità	गुरुत्वाकर्षण
Magnetismo	चुंबकत्व
Meccanica	यांत्रकी
Molecola	अणु
Motore	इंजन
Nucleare	नाभकीय
Particella	कण
Relatività	सापेक्षता
Universale	सार्वभौमकि
Velocità	वेग

Foresta Pluviale
वर्षावन

Anfibi	उभयचर
Botanico	वानस्पतकि
Clima	जलवायु
Comunità	समुदाय
Diversità	ववधिता
Giungla	जंगल
Indigeno	स्वदेशी
Insetti	कीड़े
Mammiferi	स्तनधारी
Muschio	काई
Natura	प्रकृति
Nuvole	बादल
Preservazione	संरक्षण
Prezioso	मूल्यवान
Restauro	बहाली
Rifugio	शरण
Rispetto	आदर
Sopravvivenza	उत्तरजीवति
Specie	प्रजातयिां
Uccelli	पक्षी

Forniture Artistiche
कला की आपूर्ति

Acqua	पानी
Acquerelli	जल रंग
Acrilico	एक्रलिकि
Argilla	मट्टिी
Carta	कागज
Cavalletto	चत्रिफलक
Colla	गोंद
Colori	रंग
Creatività	रचनात्मकता
Gomma	रबड़
Idee	वचिारों
Inchiostro	स्याही
Matite	पेंसलि
Olio	तेल
Pastelli	पेस्टल
Sedia	कुर्सी
Spazzole	ब्रश
Tavolo	टेबल
Telecamera	कैमरा
Vernici	पेंट

Forza e Gravità
बल और गुरुत्वाकर्षण

Asse	अक्ष
Attrito	घर्षण
Centro	केंद्र
Dinamico	गतशील
Distanza	दूरी
Espansione	वस्तिार
Fisica	भौतिकि वज्ञिान
Impatto	प्रभाव
Magnetismo	चुंबकत्व
Meccanica	यांत्रकी
Movimento	गति
Orbita	कक्षा
Peso	वजन
Pianeti	ग्रहों
Pressione	दबाव
Proprietà	गुण
Scoperta	खोज
Tempo	समय
Universale	सार्वभौमकि
Velocità	गति

Frutta
फ्रूट

Albicocca	खुबानी
Ananas	अनन्नास
Arancia	नारंगी
Avocado	एवोकाडो
Bacca	बेरी
Banana	केला
Ciliegia	चेरी
Kiwi	कीवी
Lampone	रसभरी
Limone	नीबू
Mango	आम
Mela	सेब
Melone	तरबूज
Mora	ब्लैकबेरी
Nettarina	शफ़तालू
Papaia	पपीता
Pera	नाशपाती
Pesca	आड़ू
Prugna	बेर
Uva	अंगूर

Geografia
भूगोल

Altitudine	ऊंचाई
Atlante	एटलस
Città	शहर
Continente	महाद्वीप
Emisfero	गोलार्ध
Fiume	नदी
Isola	द्वीप
Latitudine	अक्षांश
Longitudine	देशान्तर
Mappa	नक्शा
Mare	समुद्र
Meridiano	मध्याह्न
Mondo	दुनयिा
Montagna	पहाड़
Nord	उत्तर
Oceano	सागर
Ovest	पश्चमि
Paese	देश
Sud	दक्षणि
Territorio	क्षेत्र

Geologia
भूविज्ञान

Acido	एसिड
Altopiano	पठार
Calcio	कैल्शियम
Caverna	गुफा
Continente	महाद्वीप
Corallo	मूंगा
Cristalli	क्रिस्टल
Erosione	कटाव
Fossile	जीवाश्म
Fuso	पिघला हुआ
Lava	लावा
Minerali	खनिज
Pietra	पत्थर
Quarzo	क्वार्ट्ज
Sale	नमक
Stalattite	स्टैलेक्टाइट
Strato	परत
Terremoto	भूकंप
Vulcano	ज्वालामुखी
Zona	क्षेत्र

Geometria
ज्यामिति

Altezza	ऊंचाई
Angolo	कोण
Calcolo	गणना
Cerchio	वृत्त
Curva	वक्र
Diametro	व्यास
Dimensione	आयाम
Equazione	समीकरण
Logica	तर्क
Mediano	माध्य
Numero	संख्या
Orizzontale	क्षैतिज
Parallelo	समानांतर
Proporzione	अनुपात
Segmento	खंड
Simmetria	समरूपता
Superficie	सतह
Teoria	सिद्धांत
Triangolo	त्रिकोण
Verticale	खड़ा

Giardinaggio
बागवानी

Acqua	पानी
Botanico	वानस्पतिक
Clima	जलवायु
Commestibile	खाद्य
Compost	खाद
Contenitore	कंटेनर
Esotico	विदेशी
Fiorire	खिलना
Floreale	पुष्प
Foglia	पत्ता
Fogliame	पत्ते
Frutteto	फलोद्यान
Mazzo	गुलदस्ता
Semi	बीज
Specie	प्रजातियां
Sporco	गंदगी
Stagionale	मौसमी
Tubo	नली
Umidità	नमी

Giardino
बगीचा

Albero	पेड़
Amaca	झूला
Cespuglio	बुश
Erba	घास
Erbacce	मातम
Fiore	फूल
Frutteto	फलोद्यान
Garage	गैरेज
Giardino	बगीचा
Pala	फावड़ा
Panca	बेंच
Portico	बरामदा
Prato	लॉन
Rastrello	रेक
Recinto	बाड़
Stagno	तालाब
Terrazza	छत
Trampolino	ट्रेम्पोलिन
Tubo	नली
Vite	बेल

Giorni e Mesi
दिन और महीने

Agosto	अगस्त
Anno	वर्ष
Aprile	अप्रैल
Calendario	कैलेंडर
Dicembre	दिसंबर
Domenica	रविवार
Febbraio	फरवरी
Gennaio	जनवरी
Giugno	जून
Luglio	जुलाई
Lunedì	सोमवार
Martedì	मंगलवार
Mercoledì	बुधवार
Mese	महीना
Novembre	नवंबर
Ottobre	अक्टूबर
Sabato	शनिवार
Settembre	सितंबर
Settimana	सप्ताह
Venerdì	शुक्रवार

Governo
सरकार

Capo	नेता
Cittadinanza	नागरिकता
Civile	सिविल
Costituzione	संविधान
Democrazia	लोकतंत्र
Discorso	भाषण
Discussione	चर्चा
Giudiziario	न्यायिक
Giustizia	न्याय
Indipendenza	आजादी
Legge	कानून
Libertà	स्वतंत्रता
Monumento	स्मारक
Nazionale	राष्ट्रीय
Nazione	राष्ट्र
Politica	राजनीति
Quartiere	जिला
Simbolo	प्रतीक
Stato	राज्य
Uguaglianza	समानता

Guida
ड्राइवगि

Auto	कार
Autobus	बस
Carburante	ईंधन
Freni	ब्रेक
Garage	गैरेज
Gas	गैस
Incidente	दुर्घटना
Licenza	लाइसेंस
Mappa	नक्शा
Moto	मोटरसाइकलि
Motore	मोटर
Pedonale	पैदल यात्री
Pericolo	खतरा
Polizia	पुलसि
Sicurezza	सुरक्षा
Strada	सड़क
Traffico	यातायात
Trasporto	परविहन
Tunnel	सुरंग
Velocità	गतपि

I Media
द मीडयिा

Atteggiamenti	दृष्टकिोण
Commerciale	वाणज्यिकि
Comunicazione	संचार
Digitale	डजिटिल
Edizione	संस्करण
Educazione	शक्षिा
Fatti	तथ्य
Foto	तस्वीरें
Giornali	समाचार पत्र
Individuale	व्यक्त
Industria	उद्योग
Intellettuale	बौद्धकि
Locale	स्थानीय
Online	ऑनलाइन
Opinione	राय
Pubblicità	वज्ञिापन
Pubblico	सार्वजनकि
Radio	रेडयिो
Rete	नेटवर्क
Televisione	टेलीवजिन

Imbarcazioni
नौकाएँ

Albero	मस्तूल
Ancora	लंगर
Barca a Vela	सेलबोट
Boa	बोया
Canoa	डोंगी
Corda	रस्सी
Dock	गोदी
Equipaggio	क्रू
Fiume	नदी
Kayak	कश्ती
Lago	झील
Mare	समुद्र
Marea	ज्वार
Marinaio	नावकि
Motore	इंजन
Nautico	समुद्री
Oceano	सागर
Onde	लहरें
Yacht	नौका
Zattera	बेड़ा

Immigrazione
आप्रवासन

Adulti	वयस्कों
Aiuto	सहायता
Alloggio	आवास
Amministrazione	प्रशासन
Approvazione	अनुमोदन
Bambini	बच्चे
Comunicazione	संचार
Documenti	दस्तावेजों
Frontiere	सीमाओं
Legge	कानून
Lingua	भाषा
Processo	प्रक्रयिा
Protezione	संरक्षण
Scadenza	समय सीमा
Situazione	स्थति
Soluzione	समाधान
Stress	तनाव
Trattativa	बातचीत
Ufficiale	अफ़सर

Ingegneria
अभयिांत्रकिी

Angolo	कोण
Asse	अक्ष
Calcolo	गणना
Costruzione	नर्माण
Diagramma	आरेख
Diametro	व्यास
Diesel	डीजल
Distribuzione	वतिरण
Energia	ऊर्जा
Forza	ताकत
Ingranaggi	गयिर्स
Leve	लीवर
Liquido	तरल
Macchina	मशीन
Misurazione	माप
Motore	मोटर
Profondità	गहराई
Propulsione	प्रणोदन
Stabilità	स्थरिता
Struttura	संरचना

Jazz
जैज़

Album	एल्बम
Applauso	वाहवाही
Artista	कलाकार
Batteria	ड्रम
Canzone	गीत
Compositore	संगीतकार
Composizione	रचना
Enfasi	ज़ोर
Famoso	प्रसद्धि
Improvvisazione	कामचलाऊ
Musica	संगीत
Musicisti	संगीतकारों
Nuovo	नया
Orchestra	ऑर्केस्ट्रा
Preferiti	पसंदीदा
Ritmo	ताल
Stile	शैली
Talento	प्रतभिा
Tecnica	तकनीक
Vecchio	पुराना

L'Azienda
द कम्पनी

Creativo	रचनात्मक
Decisione	नर्णिय
Globale	वैश्वकि
Industria	उद्योग
Innovativo	अभनिव
Investimento	नविश
Occupazione	रोजगार
Possibilità	संभावना
Presentazione	प्रस्तुत
Prodotto	उत्पाद
Professionale	पेशेवर
Progresso	प्रगत
Qualità	गुणवत्ता
Reddito	राजस्व
Reputazione	प्रतष्ठा
Rischi	जोखमि
Risorse	संसाधन
Salari	वेतन
Tendenze	रुझान
Unità	इकाइयों

Letteratura
साहत्यि

Analisi	वश्लिषण
Analogia	समानता
Aneddoto	कस्सिा
Autore	लेखक
Biografia	जीवनी
Conclusione	नष्कर्ष
Confronto	तुलना
Critica	आलोचना
Descrizione	ववरण
Dialogo	संवाद
Metafora	रूपक
Opinione	राय
Poesia	कवति
Poetico	काव्यात्मक
Rima	तुक
Ritmo	ताल
Romanzo	उपन्यास
Stile	शैली
Tema	वषिय
Tragedia	त्रासदी

Libri
पुस्तकें

Autore	लेखक
Avventura	साहसकि
Collezione	संग्रह
Contesto	संदर्भ
Dualità	द्वंद्व
Epico	महाकाव्य
Inventivo	आवष्किारशील
Letterario	साहत्यिकि
Lettore	पाठक
Narratore	कथावाचक
Pagina	पृष्ठ
Poesia	कवति
Rilevante	प्रासंगकि
Romanzo	उपन्यास
Scritto	लखिति
Serie	शृंखला
Storia	कहानी
Storico	ऐतहिासकि
Tragico	दुखद
Umoristico	वनिोदी

Malattia
रोग

Acuto	तीव्र
Addominale	पेट
Allergie	एलर्जी
Benessere	कल्याण
Contagioso	संक्रामक
Corpo	शरीर
Cronico	पुरानी
Cuore	दलि
Debole	कमजोर
Ereditario	वंशानुगत
Genetico	आनुवंशकि
Infiammazione	सूजन
Lombare	काठ का
Neuropatia	न्युरोपटी
Ossa	हड्डयिों
Patogeni	रोगजनकों
Respiratorio	श्वसन
Salute	स्वास्थ्य
Sindrome	सड्रिोम
Terapia	चकित्सिा

Mammiferi
स्तनधारी

Balena	व्हेल
Cane	कुत्ता
Canguro	कंगारू
Cavallo	घोड़ा
Cervo	हरिण
Coniglio	खरगोश
Coyote	कोयोट
Delfino	डॉल्फनि
Elefante	हाथी
Gatto	बल्लिी
Giraffa	जरिाफ़
Gorilla	गोरल्लिा
Leone	शेर
Lupo	भेड़यिा
Orso	भालू
Pecora	भेड़
Scimmia	बंदर
Toro	बुल
Volpe	लोमड़ी
Zebra	ज़ेबरा

Matematica
गणति

Angoli	कोण
Aritmetica	अंकगणति
Circonferenza	परधि
Decimale	दशमलव
Diametro	व्यास
Divisione	वभिाजन
Equazione	समीकरण
Esponente	प्रतपिादक
Frazione	अंश
Geometria	ज्यामति
Parallelo	समानांतर
Perpendicolare	सीधा
Poligono	बहुभुज
Quadrato	वर्ग
Raggio	त्रज्यिा
Rettangolo	आयत
Simmetria	समरूपता
Somma	योग
Triangolo	त्रकोिण
Volume	आयतन

Meditazione
ध्यान

Accettazione	स्वीकृति
Attenzione	ध्यान
Calma	शांत
Chiarezza	स्पष्टता
Compassione	दया
Emozioni	भावनाएँ
Gentilezza	दयालुता
Gratitudine	कृतज्ञता
Mentale	मानसकि
Mente	मन
Movimento	गति
Musica	संगीत
Natura	प्रकृति
Osservazione	अवलोकन
Pace	शांति
Pensieri	विचार
Postura	आसन
Prospettiva	परिप्रेक्ष्य
Respirazione	श्वास
Silenzio	मौन

Meteo
मौसम

Arcobaleno	इंद्रधनुष
Asciutto	सूखा
Atmosfera	वायुमंडल
Calma	शांत
Cielo	आकाश
Clima	जलवायु
Fulmine	बिजली
Ghiaccio	बर्फ
Monsone	मानसून
Nebbia	कोहरा
Nube	बादल
Polare	ध्रुवीय
Temperatura	तापमान
Tempesta	आंधी
Tornado	बवंडर
Tropicale	उष्णकटिबंधीय
Tuono	गरज
Umido	नम
Uragano	तूफान
Vento	हवा

Misurazioni
मापन

Altezza	ऊंचाई
Byte	बाइट
Centimetro	सेंटीमीटर
Chilogrammo	किलोग्राम
Chilometro	किलोमीटर
Decimale	दशमलव
Grado	डिग्री
Grammo	ग्राम
Larghezza	चौड़ाई
Litro	लीटर
Lunghezza	लंबाई
Massa	मास
Metro	मीटर
Minuto	मिनट
Oncia	औंस
Peso	वजन
Pollice	इंच
Profondità	गहराई
Tonnellata	टन
Volume	आयतन

Mitologia
पौराणकि कथाएं

Archetipo	मूलरूप आदर्श
Comportamento	व्यवहार
Creatura	जंतु
Creazione	सृजन
Cultura	संस्कृति
Disastro	आपदा
Divinità	देवता
Eroe	नायक
Forza	ताकत
Fulmine	बिजली
Gelosia	ईर्ष्या
Guerriero	योद्धा
Immortalità	अमरता
Labirinto	भूलभुलैया
Leggenda	दंतकथा
Magico	जादुई
Mortale	नश्वर
Mostro	राक्षस
Tuono	गरज
Vendetta	बदला

Moda
पहनावा

Boutique	बुटीक
Caro	महंगा
Confortevole	आरामदायक
Elegante	सुरुचिपूर्ण
Minimalista	न्यूनतम
Misure	माप
Modello	पैटर्न
Moderno	आधुनकि
Modesto	मामूली
Originale	मूल
Pizzo	फीता
Pratico	व्यावहारकि
Pulsanti	बटन
Ricamo	कढ़ाई
Semplice	सरल
Stile	शैली
Tendenza	ट्रेंड
Tessuto	कपड़े
Trama	बनावट

Musica
संगीत

Album	एल्बम
Armonia	सद्भाव
Armonico	सुसंगत
Ballata	गाथागीत
Cantante	गायक
Cantare	गाना
Classico	शास्त्रीय
Coro	कोरस
Lirico	गीतात्मक
Melodia	राग
Microfono	माइक्रोफोन
Musicale	संगीत
Musicista	संगीतकार
Opera	ओपेरा
Poetico	काव्यात्मक
Registrazione	रकिॉर्डगि
Ritmico	तालबद्ध
Ritmo	ताल
Strumento	साधन
Vocale	स्वर

Natura
प्रकृति

Animali	जानवरों
Api	मधुमक्खियों
Artico	आर्कटिक
Bellezza	सुंदरता
Deserto	रेगिस्तान
Dinamico	गतशील
Erosione	कटाव
Fiume	नदी
Fogliame	पत्ते
Foresta	वन
Ghiacciaio	ग्लेशियर
Montagne	पहाड़ों
Nebbia	कोहरा
Nuvole	बादल
Rifugio	आश्रय
Santuario	अभयारण्य
Selvaggio	जंगली
Sereno	निर्मल
Tropicale	उष्णकटिबंधीय
Vitale	महत्वपूर्ण

Numeri
संख्याएँ

Cinque	पांच
Decimale	दशमलव
Diciannove	उन्नीस
Diciassette	सत्रह
Diciotto	अठारह
Dieci	दस
Dodici	बारह
Due	दो
Nove	नौ
Otto	आठ
Quattordici	चौदह
Quattro	चार
Quindici	पंद्रह
Sedici	सोलह
Sei	छह
Sette	सात
Tre	तीन
Tredici	तेरह
Venti	बीस
Zero	शून्य

Nutrizione
पोषाहार

Amaro	कड़वा
Appetito	भूख
Bilanciato	संतुलित
Calorie	कैलोरी
Commestibile	खाद्य
Dieta	आहार
Digestione	पाचन
Fermentazione	किण्वन
Gusto	स्वाद
Liquidi	तरल पदार्थ
Nutriente	पुष्टकिर
Peso	वजन
Proteine	प्रोटीन
Qualità	गुणवत्ता
Salsa	चटनी
Salute	स्वास्थ्य
Sano	स्वस्थ
Spezie	मसाले
Tossina	विष
Vitamina	विटामिन

Oceano
सागर

Alghe	शैवाल
Balena	व्हेल
Barca	नाव
Corallo	मूंगा
Delfino	डॉल्फिन
Gamberetto	झींगा
Granchio	केकड़ा
Maree	ज्वार
Medusa	जेलफ़िशि
Onde	लहरें
Ostrica	सीप
Pesce	मछली
Polpo	ऑक्टोपस
Sale	नमक
Scogliera	चट्टान
Spugna	स्पंज
Squalo	शार्क
Tartaruga	कछुआ
Tempesta	आंधी
Tonno	टूना

Paesaggi
लैंडस्केप

Cascata	झरना
Collina	पहाड़ी
Deserto	रेगिस्तान
Dune	टिब्बा
Fiume	नदी
Ghiacciaio	ग्लेशियर
Grotta	गुफा
Iceberg	हिमखंड
Isola	द्वीप
Lago	झील
Mare	समुद्र
Montagna	पहाड़
Oasi	मरूद्यान
Oceano	सागर
Palude	दलदल
Penisola	प्रायद्वीप
Spiaggia	समुद्र तट
Tundra	टुंड्रा
Valle	घाटी
Vulcano	ज्वालामुखी

Paesi #1
देशों #1

Brasile	ब्राज़ील
Cambogia	कंबोडिया
Canada	कनाडा
Egitto	मिस्र
Finlandia	फिनलैंड
Germania	जर्मनी
India	भारत
Iraq	इराक
Israele	इजराइल
Libia	लीबिया
Mali	माली
Marocco	मोरक्को
Norvegia	नॉर्वे
Panama	पनामा
Polonia	पोलैंड
Romania	रोमानिया
Senegal	सेनेगल
Spagna	स्पेन
Venezuela	वेनेज़ुएला
Vietnam	वियतनाम

Paesi #2
देशों #2

Albania	अल्बानिया
Danimarca	डेनमार्क
Etiopia	इथियोपिया
Giamaica	जमैका
Giappone	जापान
Grecia	यूनान
Haiti	हैती
Indonesia	इंडोनेशिया
Irlanda	आयरलैंड
Laos	लाओस
Liberia	लाइबेरिया
Messico	मेक्सिको
Nepal	नेपाल
Nigeria	नाइजीरिया
Pakistan	पाकिस्तान
Russia	रूस
Siria	सीरिया
Sudan	सूडान
Ucraina	यूक्रेन
Uganda	युगांडा

Pesca
फशिगि

Acqua	पानी
Attrezzatura	उपकरण
Barca	नाव
Branchie	गलि्स
Cesto	टोकरी
Cucinare	रसोइया
Esagerazione	अतशियोक्त
Esca	चारा
Filo	तार
Fiume	नदी
Gancio	हुक
Lago	झील
Mascella	जबड़ा
Oceano	सागर
Pazienza	धैर्य
Peso	वजन
Pinne	पंख
Spiaggia	समुद्र तट
Stagione	ऋतु

Piante
पौधे

Albero	पेड़
Bacca	बेरी
Bambù	बांस
Cactus	कैक्टस
Cespuglio	बुश
Crescere	बढ़ना
Edera	आइवी
Erba	घास
Fagiolo	सेम
Fertilizzante	उर्वरक
Fiore	फूल
Foglia	पत्ता
Fogliame	पत्ते
Foresta	वन
Giardino	बगीचा
Muschio	काई
Petalo	पत्ती
Radice	जड़
Sole	सूर्य
Vegetazione	वनस्पत

Professioni #1
व्यवसाय #1

Allenatore	कोच
Ambasciatore	राजदूत
Artista	कलाकार
Astronomo	खगोल वज्ञानी
Avvocato	वकील
Ballerino	नर्तकी
Banchiere	बैंकर
Cacciatore	शकिारी
Cartografo	मानचत्रिकार
Editore	संपादक
Farmacista	औषधकारक
Geologo	भूवज्ञानी
Gioielliere	जौहरी
Idraulico	नलसाज़
Infermiera	नर्स
Musicista	संगीतकार
Pianista	पयिानोवादक
Psicologo	मनोवैज्ञानकि
Scienziato	वैज्ञानकि
Veterinario	पशु चकित्सिक

Professioni #2
व्यवसाय #2

Bibliotecario	लाइब्रेरयिन
Biologo	जीववज्ञानी
Chirurgo	सर्जन
Dentista	दंत चकित्सिक
Detective	जासूस
Filosofo	दार्शनकि
Fotografo	फोटोग्राफर
Giardiniere	माली
Giornalista	पत्रकार
Illustratore	इलस्ट्रेटर
Ingegnere	इंजीनयिर
Insegnante	शक्षिक
Inventore	आवष्किारक
Investigatore	अन्वेषक
Linguista	बहुभाषी
Medico	चकित्सिक
Pilota	पायलट
Pittore	चत्रिकार
Ricercatore	शोधकर्ता
Zoologo	जूलॉजस्टि

Psicologia
मनोवज्ञिान

Appuntamento	नयिुक्त
Clinico	नैदानकि
Comportamento	व्यवहार
Conflitto	संघर्ष
Ego	अहंकार
Emozioni	भावनाएँ
Esperienze	अनुभव
Idee	वचिारों
Inconscio	बेहोश
Infanzia	बचपन
Influenze	प्रभाव
Pensieri	वचिार
Percezione	अनुभूत
Personalità	व्यक्तत्वि
Problema	संकट
Realtà	वास्तवकिता
Sensazione	सनसनी
Sogni	सपने
Terapia	चकित्सा
Valutazione	मूल्यांकन

Riscaldamento Globale
ग्लोबल वॉर्मिंग

Ambientale	पर्यावरण
Artico	आर्कटिक
Attenzione	ध्यान
Clima	जलवायु
Conseguenze	परिणाम
Crisi	संकट
Dati	डेटा
Energia	ऊर्जा
Futuro	भविष्य
Gas	गैस
Generazioni	पीढ़ियाँ
Governo	सरकार
Habitat	निवास
Industria	उद्योग
Legislazione	विधान
Ora	अब
Popolazioni	आबादी
Scienziato	वैज्ञानिक
Sviluppo	विकास
Temperature	तापमान

Ristorante #2
रेस्टोरेंट #2

Acqua	पानी
Aperitivo	क्षुधावर्धक
Bevanda	पेय
Cameriere	वेटर
Cena	रात का खाना
Cucchiaio	चम्मच
Delizioso	स्वादिष्ट
Forchetta	कांटा
Frutta	फल
Ghiaccio	बर्फ
Insalata	सलाद
Minestra	सूप
Pesce	मछली
Pranzo	दोपहर का भोजन
Sale	नमक
Sedia	कुर्सी
Spezie	मसाले
Torta	केक
Uova	अंडे
Verdure	सब्जियां

Salute e Benessere #1
स्वास्थ्य और कल्याण #1

Abitudine	आदत
Altezza	ऊंचाई
Attivo	सक्रिय
Batteri	बैक्टीरिया
Clinica	क्लिनिक
Fame	भूख
Farmacia	फार्मेसी
Frattura	भंग
Medicina	दवा
Medico	चिकित्सक
Muscoli	मांसपेशियाँ
Nervi	नसों
Ormoni	हार्मोन
Pelle	त्वचा
Postura	आसन
Riflesso	पलटा
Rilassamento	विश्राम
Terapia	चिकित्सा
Trattamento	उपचार
Virus	वाइरस

Salute e Benessere #2
स्वास्थ्य और कल्याण #2

Allergia	एलर्जी
Anatomia	शरीर रचना
Appetito	भूख
Caloria	कैलोरी
Corpo	शरीर
Dieta	आहार
Digestione	पाचन
Disidratazione	निर्जलीकरण
Energia	ऊर्जा
Genetica	आनुवंशिकी
Igiene	स्वच्छता
Infezione	संक्रमण
Malattia	रोग
Massaggio	मालिश
Nutrizione	पोषण
Ospedale	अस्पताल
Peso	वजन
Sangue	रक्त
Sano	स्वस्थ
Vitamina	विटामिन

Scacchi
शतरंज

Avversario	विरोधी
Bianco	सफेद
Campione	चैंपियन
Concorso	प्रतियोगिता
Diagonale	विकिर्ण
Giocatore	खिलाड़ी
Gioco	खेल
Intelligente	चतुर
Nero	काला
Passivo	निष्क्रिय
Punti	अंक
Re	राजा
Regina	रानी
Regole	नियम
Sacrificio	बलिदान
Sfide	चुनौतियाँ
Strategia	रणनीति
Tempo	समय
Torneo	टूर्नामेंट

Scienza
विज्ञान

Atomo	परमाणु
Chimico	रासायनिक
Clima	जलवायु
Dati	डेटा
Esperimento	प्रयोग
Evoluzione	विकास
Fatto	तथ्य
Fisica	भौतिक विज्ञान
Fossile	जीवाश्म
Gravità	गुरुत्वाकर्षण
Ipotesi	परिकल्पना
Laboratorio	प्रयोगशाला
Metodo	तरीका
Minerali	खनिज
Molecole	अणुओं
Natura	प्रकृति
Organismo	जीव
Osservazione	अवलोकन
Particelle	कण
Scienziato	वैज्ञानिक

Spezie
मसाले

Acido	खट्टा
Aglio	लहसुन
Amaro	कड़वा
Cannella	दालचीनी
Cardamomo	इलायची
Cipolla	प्याज
Coriandolo	धनयिा
Cumino	जीरा
Curcuma	हल्दी
Curry	करी
Dolce	मठिाई
Finocchio	सौंफ
Gusto	स्वाद
Liquirizia	नद्यपान
Noce Moscata	जायफल
Pepe	मर्चि
Sale	नमक
Vaniglia	वनीला
Zafferano	केसर
Zenzero	अदरक

Sport
खेल

Allenatore	कोच
Atleta	खलिाड़ी
Capacità	क्षमता
Cardiovascolare	हृदय
Ciclismo	साइकलि चलाना
Corpo	शरीर
Danza	नृत्य
Dieta	आहार
Forza	ताकत
Jogging	टहलना
Massimizzare	अधकितम
Metabolico	चयापचय
Muscoli	मांसपेशयिों
Nutrizione	पोषण
Obiettivo	लक्ष्य
Ossa	हड्डयिों
Programma	कार्यक्रम
Resistenza	सहन
Salute	स्वास्थ्य
Sportivo	खेल

Tempo
टाइम

Anno	वर्ष
Annuale	वार्षकि
Calendario	कैलेंडर
Decennio	दशक
Dopo	के बाद
Futuro	भवषि्य
Giorno	दनि
Ieri	कल
Mattina	सुबह
Mese	महीना
Mezzogiorno	दोपहर
Minuto	मनिट
Momento	पल
Notte	रात
Oggi	आज
Ora	घंटा
Orologio	घड़ी
Prima	इससे पहले
Secolo	सदी
Settimana	सप्ताह

Tipi di Capelli
बालों के प्रकार

Argento	चाँदी
Asciutto	सूखा
Bianco	सफेद
Biondo	गोरा
Breve	कम
Calvo	गंजा
Colorato	रंगीन
Grigio	धूसर
Intrecciato	लट
Liscio	चकिना
Lungo	लंबा
Marrone	भूरा
Morbido	नरम
Nero	काला
Ondulato	लहराती
Riccio	घुंघराले
Riccioli	कर्ल
Sano	स्वस्थ
Sottile	पतला
Spessore	मोटा

Uccelli
पक्षयिों

Airone	बगुला
Anatra	बतख
Aquila	ईगल
Cicogna	सारस
Cigno	हंस
Cuculo	कोयल
Falco	बाज़
Fenicottero	राजहंस
Gabbiano	मूर्ख मनुष्य
Gufo	उल्लू
Pappagallo	तोता
Passero	गौरैया
Pavone	मोर
Pellicano	हवासील
Piccione	कबूतर
Pinguino	पेंगुइन
Pollo	चकिन
Struzzo	शुतुरमुर्ग
Tucano	टूकेन
Uovo	अंडा

Universo
यूनविर्स

Asteroide	क्षुद्रग्रह
Astronomia	खगोल वज्ञिान
Astronomo	खगोल वज्ञिानी
Atmosfera	वायुमंडल
Buio	अंधेरा
Celeste	आकाशीय
Cielo	आकाश
Cosmico	लौककि
Emisfero	गोलार्ध
Galassia	आकाशगंगा
Latitudine	अक्षांश
Longitudine	देशान्तर
Luna	चाँद
Orbita	कक्षा
Orizzonte	क्षतिजि
Solare	सौर
Solstizio	संक्रांतिा
Telescopio	दूरबीन
Visibile	दृश्यमान
Zodiaco	राशि

Vacanze #2
अवकाश #2

Aeroporto	हवाई अड्डा
Campeggio	डेरा डालना
Destinazione	गंतव्य
Foto	तस्वीरें
Hotel	होटल
Isola	द्वीप
Mappa	नक्शा
Mare	समुद्र
Passaporto	पासपोर्ट
Ristorante	भोजनालय
Spiaggia	समुद्र तट
Straniero	विदेशी
Taxi	टैक्सी
Tempo Libero	अवकाश
Tenda	तंबू
Trasporto	परिवहन
Treno	ट्रेन
Vacanza	छुट्टी
Viaggio	यात्रा
Visto	वीजा

Veicoli
वाहन

Aereo	विमान
Ambulanza	रोगी वाहन
Auto	कार
Autobus	बस
Barca	नाव
Bicicletta	साइकिल
Camion	ट्रक
Caravan	कारवां
Elicottero	हेलीकॉप्टर
Metropolitana	भूमिगत मार्ग
Motore	मोटर
Pneumatici	टायर
Razzo	रॉकेट
Scooter	स्कूटर
Sottomarino	पनडुब्बी
Taxi	टैक्सी
Traghetto	नौका
Trattore	ट्रैक्टर
Treno	ट्रेन
Zattera	बेड़ा

Verdure
सब्जियां

Aglio	लहसुन
Broccolo	ब्रोकोली
Carciofo	हाथी चक
Carota	गाजर
Cetriolo	खीरा
Cipolla	प्याज
Fungo	मशरूम
Insalata	सलाद
Melanzana	बैंगन
Oliva	जैतून
Patata	आलू
Pisello	मटर
Pomodoro	टमाटर
Prezzemolo	अजमोद
Rapa	शलजम
Ravanello	मूली
Sedano	अजवाइन
Spinaci	पालक
Zenzero	अदरक
Zucca	कद्दू

Vestiti
कपडे

Abito	पोशाक
Braccialetto	कंगन
Camicetta	ब्लाउज
Camicia	कमीज
Cappello	टोपी
Cappotto	कोट
Cintura	बेल्ट
Collana	हार
Giacca	जैकेट
Gonna	स्कर्ट
Grembiule	एप्रन
Guanti	दस्ताने
Jeans	जीन्स
Maglione	स्वेटर
Moda	फैशन
Pantaloni	पैंट
Pigiama	पाजामा
Sandali	सैंडल
Scarpa	जूता
Sciarpa	दुपट्टा

Congratulazioni

Ce l'hai fatta!

Speriamo che questo libro vi sia piaciuto tanto quanto a noi è piaciuto concepirlo. Ci sforziamo di creare libri della più alta qualità possibile.
Questa edizione è progettata per fornire un apprendimento intelligente, di qualità e divertente!

Le è piaciuto questo libro?

Una Semplice Richiesta

Questi libri esistono grazie alle recensioni che pubblicate.

Puoi aiutarci lasciando una recensione
ora a questo link ?

BestBooksActivity.com/Recensioni50

SFIDA FINALE!

Sfida n°1

Sei pronto per il tuo gioco gratuito? Li usiamo sempre, ma non sono così facili da trovare - ecco i Sinonimi!
Scrivi 5 parole che hai trovato nei puzzle (n° 21, n° 36, n° 76) e prova a trovare 2 sinonimi per ogni parola.

Scrivi 5 parole del ***Puzzle 21***

Parole	Sinonimo 1	Sinonimo 2

Scrivi 5 parole del ***Puzzle 36***

Parole	Sinonimo 1	Sinonimo 2

Scrivi 5 parole del ***Puzzle 76***

Parole	Sinonimo 1	Sinonimo 2

Sfida n°2

Ora che ti sei riscaldato, scrivi 5 parole che hai trovato nei puzzle n° 9, n° 17 e n° 25 e cerca di trovare 2 contrari per ogni parola. Quanti ne puoi trovare in 20 minuti?

Scrivi 5 parole del ***Puzzle 9***

Parole	Antonimo 1	Antonimo 2

Scrivi 5 parole del ***Puzzle 17***

Parole	Antonimo 1	Antonimo 2

Scrivi 5 parole del ***Puzzle 25***

Parole	Antonimo 1	Antonimo 2

Sfida n°3

Grande! Questa sfida  non è niente per te!

Pronto per la sfida finale? Scegli 10 parole che hai scoperto nei diversi puzzle e scrivile qui sotto.

1.	6.
2.	7.
3.	8.
4.	9.
5.	10.

Ora scrivi un testo pensando a una persona, un animale o un luogo che ti piace.

Puoi usare l'ultima pagina di questo libro come bozza.

La tua composizione:

TACCUINO:

A PRESTO!

Tutta la Squadra

www.ingramcontent.com/pod-product-compliance
Lightning Source LLC
Chambersburg PA
CBHW082053120626
46553CB00011B/3379
* 9 7 9 8 8 9 6 7 0 5 7 2 7 *